AF329439

CAMILLE MAUCLAIR

L'IMPRESSIONNISME

Son Histoire

Son Esthétique

Ses Maîtres

Librairie de l'Art ancien et moderne
60, Rue Taitbout, Paris

A Maurice Barrès
très-cordialement

Camille Mauclair

L'IMPRESSIONNISME

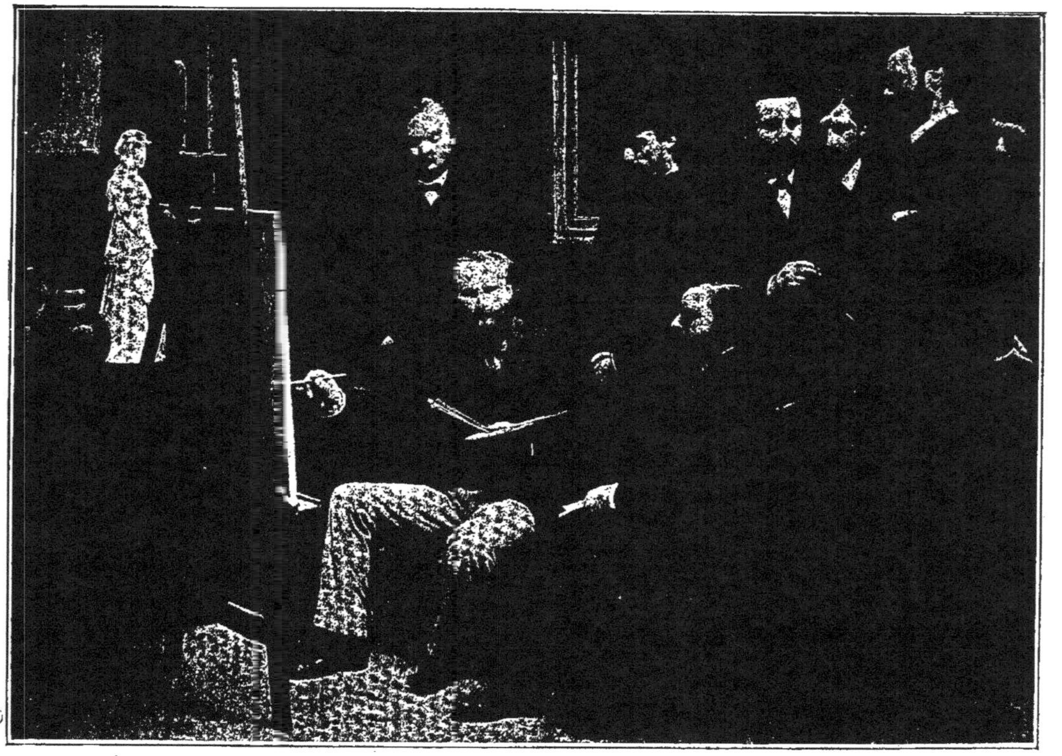

FANTIN-LATOUR. — HOMMAGE A MANET
(Musée du Luxembourg).

Scholderer.   Renoir.   E. Zola.   Ed. Maitre.   Monet.
        Manet.   Zacharie Astruc.   Bazile.

CAMILLE MAUCLAIR

L'IMPRESSIONNISME

SON HISTOIRE,

SON ESTHÉTIQUE, SES MAITRES

PARIS

LIBRAIRIE DE L'ART ANCIEN ET MODERNE

ANCIENNE MAISON J. ROUAM

RUE TAITBOUT, 60

1904

A MON AMI

AUGUSTE BRÉAL

I

I

Il ne nous sera pas donné en cet ouvrage d'écrire
une histoire complète de l'impressionnisme français, et
d'y enclore tous les détails attachants qu'elle pourrait
comporter, et par elle-même, et à cause du temps si
curieux où son évolution s'est déroulée : les proportions de ce livre nous engageront seulement à résumer
le plus clairement et le plus simplement possible
les idées, les personnalités et les œuvres d'un considérable groupe d'artistes qui n'ont pu être bien connus
à cause de plusieurs conditions, et sur lesquels de
graves erreurs ont été trop souvent formulées. Ces
conditions sont très évidentes ; d'abord, les impressionnistes n'ont pu se montrer aux Salons, soit que
les jurys leur en refusassent l'entrée, soit qu'ils s'abs-
tinssent de leur propre volonté. Ils ont, sauf de très
rares exceptions, exposé toujours à l'écart, dans des
galeries particulières où un public très restreint les
connut ; toujours attaqués et pauvres jusqu'en ces dernières années, ils n'eurent aucun des bénéfices de la
publicité et de la gloriole. Enfin, c'est depuis très peu
de temps que l'admission au Musée du Luxembourg

de la collection Caillebotte, incomplète, mal présentée d'ailleurs (1), permet au public de se faire une idée sommaire de l'impressionnisme ; et pour achever l'énumération des obstacles, il faut dire qu'il n'existe à peu près aucune photographie d'œuvres impressionnistes dans le commerce. Déjà, pour ces toiles consacrées à l'étude des jeux de la lumière, la photographie est une traduction bien infidèle ; mais ce faible moyen de diffusion lui-même leur a été refusé. Exposées dans quelques galeries, centralisées surtout par la maison Durand-Ruel, vendues directement à des amateurs en majorité étrangers, ces vastes séries d'œuvres ont été pour ainsi dire inconnues du public français. Il n'en a guère su que les reproches et les sarcasmes des adversaires, et il ne s'est pas douté que le plus grand, le plus riche mouvement que l'école française ait connu depuis le romantisme se déroulait au milieu de la vie moderne. Il a surtout connu l'impressionnisme par les polémiques, et par les fécondes conséquences de ce mouvement dans l'illustration et l'étude des mœurs contemporaines.

Nous ne prétendrons donc pas consacrer ici à l'impressionnisme une histoire détaillée et définitive : il y faudrait plusieurs volumes comme celui-ci. Quel a été

(1) Non certes par la mauvaise volonté de M. Bénédite, qui supporta vaillamment la campagne de l'Académie et s'ingénia au meilleur placement du legs, mais à cause de l'insuffisance des locaux de son musée, à laquelle on n'a pas voulu remédier jusqu'ici.

exactement notre but? Il a été écrit sur l'impressionnisme une foule d'articles, mais pas un livre, hormis
celui de M. Georges Lecomte sur l'*Art impressionniste,*
ouvrage excellent en soi, mais édité luxueusement à
très petit nombre et par conséquent incapable de divulgation dans le public. Quelque étonnante que paraisse
l'existence d'une telle lacune, le fait est que personne
n'a songé jusqu'ici à la combler. Zola, Duranty, Castagnary, Burty, Edmond de Goncourt, Mallarmé,
Jules Laforgue, MM. Théodore Duret, Clémenceau,
Roger Marx, Alexandre, Mirbeau, Geffroy, de Fourcaud, Huysmans, bien d'autres encore ont écrit des
études remarquables : Manet à lui seul comporte une
bibliographie considérable, volumes biographiques,
caricatures, brochures — et cependant il n'a pas été fait
de volume permettant de *résumer très clairement devant
le public les origines, les théories, les personnalités, les
œuvres de ce grand mouvement, de façon à en donner
une idée générale à quiconque entendrait même pour la
première fois ce nom d'impressionnisme, et souhaiterait
en connaître succinctement la signification.* Ce livre,
nous avons essayé de l'écrire, et dans ce but, on comprendra dès lors que nous ayons renoncé à mentionner
toutes les anecdotes, tous les détails propres à intéresser le public déjà averti, pour nous attacher avant
tout à des constatations d'ensemble, à la démonstration de quelques principes essentiels, en n'ayant
d'autre ambition que celle d'établir une étude prélimi-

naire que d'autres pourront compléter par des lectures,
des renseignements personnels et des recherches sur
des détails techniques ou biographiques.

Nous essaierons surtout de mettre en évidence cette
idée : l'impressionnisme n'est ni une manifestation
isolée, ni un démenti violent aux traditions de l'art
français, mais précisément un retour logique à ces traditions, contrairement à ce qu'ont prétendu ses détrac-
teurs. C'est parce que là fut leur principal argument
qu'il importe de n'en rien laisser subsister. Et c'est
pourquoi dès ce premier chapitre nous dirons quelques
mots des précurseurs de ce mouvement.

Aucune manifestation d'art, en effet, n'est isolée. Si
neuve qu'elle semble, elle procède toujours des époques
antérieures. Les spontanéités individuelles sont les
réviviscences des spontanéités individuelles de jadis :
et comme tout, en art, se réfère à quelques idées logiques
et immuables, il s'ensuit que toutes les spontanéités
sincères qui s'y sont appuyées se rejoignent sur un plan
supérieur en paraissant ne pas se ressembler. Les
maîtres véritables ne donnent pas de leçons, car l'art
ne s'enseigne pas et tout artiste refait l'art selon
soi-même et n'apprend que ce qu'il s'est appris : mais
ils donnent des exemples. Les admirer n'est pas les
imiter, c'est reconnaître en eux les idées logiques communes aux arts de tous les siècles, et en connaître la
source pour raviver en soi-même cette source éternelle,
qui est le jaillissement d'une vision sincère et émue des

aspects de la vie. Les impressionnistes n'ont pas échappé à cette loi si belle. Nous parlerons d'eux sans enthousiasme excessif, avec impartialité : nous nous attacherons surtout à bien montrer en chacun d'eux le culte d'un prédécesseur, car on a vu peu de mouvements artistiques où soit plus tenace l'amour, presque l'hérédité, des maîtres antérieurs.

L'Académie a lutté avec une extrême violence contre l'impressionnisme, en l'accusant de folie, de négation systématique des « lois de la beauté » qu'elle-même prétendait défendre et dont elle se proclamait la prêtresse officielle. Elle a fait preuve de l'animosité la plus partiale en cette querelle. Elle a exclu les impressionnistes des Salons, des honneurs, des achats de musées : récemment encore l'acceptation du legs Caillebotte au Musée du Luxembourg provoqua une tempête d'indignation chez les peintres officiels. Nous examinerons au cours de ce livre la valeur de ces attaques. Mais nous pouvons bien dire dès maintenant à quel point cet acharnement nous semble et semblera regrettable à tous les libres esprits : il est indigne même d'une conviction ardente de traiter en bloc un groupe d'artistes comme des fous, ennemis de la beauté, ou des mystificateurs désireux d'avilir l'art de leur nation, alors que ces artistes travaillent durant quarante années dans un même sens sans recueillir de leur effort, si discutable soit-il, autre chose que la pauvreté et la raillerie. Il y a environ dix ans que l'impressionnisme s'est imposé, que ses artistes peuvent vendre leurs toiles, et qu'un public accru chaque jour les admire et les vante ; l'heure est donc venue de considérer avec calme un mouvement qui s'est imposé à l'histoire de l'art français de 1860 à 1900 avec une énergie extrême, et de quitter aussi bien le dithyrambe que la polémique, pour en parler avec le souci de l'exactitude. L'Académie, qui continue la propagation d'un idéal de beauté à canons, issu de l'art grec, de l'art latin et de la Renaissance, tenant peu de compte des gothiques, des primitifs et des réalistes, se considère comme la gardienne de la tradition nationale, parce qu'elle a l'autorité hiérarchique sur l'École de Rome, les Salons, l'École des Beaux-Arts. Il n'en est pas moins vrai qu'elle obéit à un idéal très composite et peu français : ses principes en effet sont ceux qui régissent l'art académique à peu près dans toutes les écoles officielles de l'Europe. Cet art mythologique et allégorique, régi par des dogmes et des formules qui s'imposent indifféremment à tous les tempéraments d'élèves, est plutôt international que national. Cette constatation fera trouver plus singulière encore l'excommunication jalousement lancée par les peintres académiques contre des Français qui, loin d'avoir l'absurde parti pris de s'insurger contre le génie de leur race, s'y réfèrent peut-être plus sincèrement qu'eux. Pourquoi, délibérément, un groupe d'hommes s'aviserait-il de faire de la peinture folle, illogique, mauvaise, en y gagnant la raillerie publique, la pauvreté et la stérilité ? Il est insensé de supposer une telle mystification qui serait avant tout cruelle pour ses auteurs. Le simple bon sens indique donc en eux une conviction, une sincérité, un effort soutenu, et cela seul devait, au nom de la solidarité sacrée de tous ceux qui, par des moyens divers, cherchent à dire leur amour du beau, supprimer les fâcheuses accusations qui furent trop facilement portées contre Manet et ses amis.

Nous définirons plus loin les idées des impressionnistes sur la technique, la composition, le dessin, le style en peinture. Dès maintenant il est nécessaire d'indiquer leurs principaux précurseurs.

Leur mouvement peut être ainsi formulé : une réaction contre l'esprit gréco-latin et l'organisation scolastique de la peinture telle que l'avait imposée, après la seconde Renaissance et l'école italo-française de Fontainebleau, le siècle de Louis XIV, l'École de Rome, le goût consulaire et impérial. A cette réaction s'en superpose une autre : la réaction de l'impressionnisme, non plus seulement contre les sujets classiques, mais contre la peinture noire des dégénérés du romantisme. Enfin, ces deux réactions se contre-balancent par un retour à l'idéal français, à la tradition réaliste et caractéristique qui commence à Jean Foucquet, à Clouet, et se continue par Claude Lorrain, Poussin, Chardin, Watteau, La Tour, Fragonard, les admirables graveurs du xviiie siècle, jusqu'au triomphe du goût allégorique de la Révolution romaine. Il y a là une filiation d'artistes vraiment nationaux qui ont toujours été ou méconnus, comme Chardin, ou considérés comme des « petits maîtres », et exclus du premier rang au profit des pompeux allégoristes issus de l'école italienne.

Comme l'impressionnisme est avant tout une réaction technique, on doit surtout rechercher ses prédécesseurs à ce point de vue matériel. Watteau est le plus saisissant. L'*Embarquement pour Cythère* est, par sa facture elle-même, une toile impressionniste. On y trouve appliqué le plus significatif des principes exposés par Claude Monet : la division des tonalités par des touches de couleurs juxtaposées reconstituant à distance sur l'œil du spectateur la coloration véritable des choses peintes, avec une variété, une fraîcheur et une délicatesse d'analyse que ne pourrait donner un seul ton composé et mélangé sur la palette.

Claude Lorrain est réclamé par les impressionnistes comme un précurseur au point de vue de l'arrangement décoratif des paysages et surtout de la prédominance de la lumière baignant tous les objets. Ruysdael et Poussin, pour les mêmes raisons, sont à leurs yeux des précurseurs, surtout Ruysdael, qui observa si franchement les colorations bleues des horizons et l'influence du bleu dans le paysage. On sait le culte que Turner gardait à Claude Lorrain pour les mêmes motifs. Les impressionnistes considèrent à leur tour Turner comme un de leurs maîtres ; ils ont pour ce génie

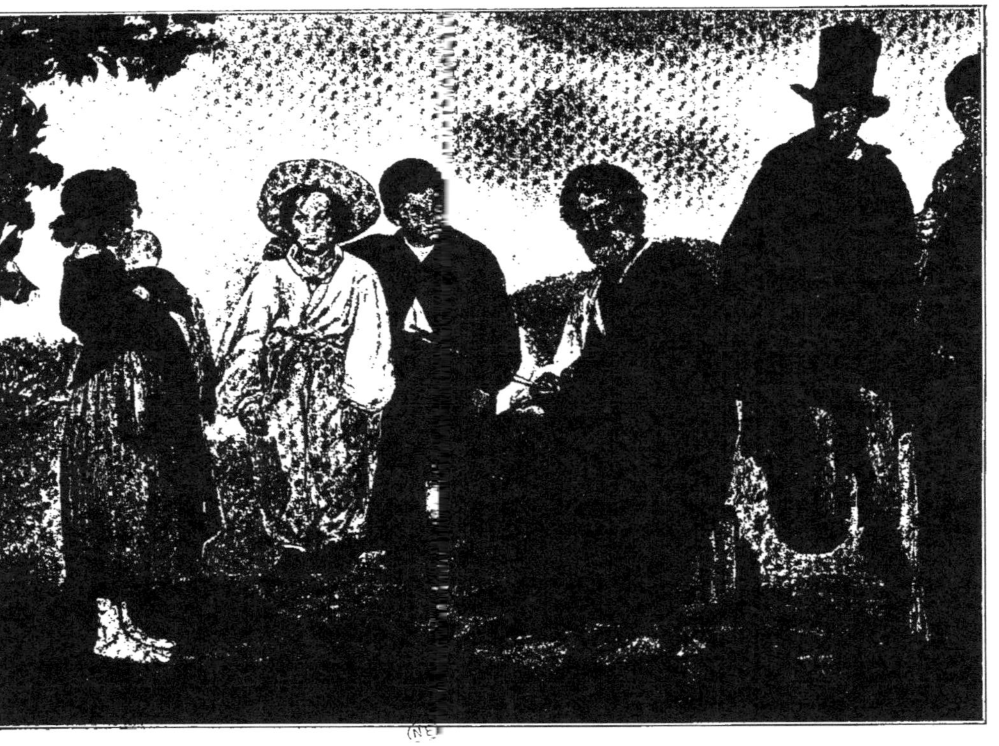

MANET. — Les Musiciens ambulants.

puissant, pour ce visionnaire somptueux, la plus grande admiration. Ils l'ont également pour Bonington, pour certaines œuvres de Constable, ce maître dont la technique est inspirée des mêmes observations que la leur. Ils trouvent enfin dans Delacroix l'application fréquente et très visible de leurs idées, notamment dans la célèbre *Entrée des Croisés à Constantinople* : la femme blonde agenouillée au premier plan est peinte selon le principe de la division des tonalités ; son dos nu est sillonné de touches bleues, vertes et jaunes qui composent à quelque distance, par leur juxtaposition, un admirable ton de chair (1).

Il faut maintenant parler plus longuement d'un grand peintre qui, avec le vibrant et lumineux paysagiste Jongkind, fut l'initiateur plus direct encore de l'impressionnisme technique : Monticelli est un de ces génies singuliers qui ne se relient à aucune école, et dont l'œuvre est une source infinie d'applications. Il vécut à Marseille où il était né, fit une brève apparition aux Salons, puis revint dans sa ville, et y mourut pauvre, ignoré, paralysé et fou. Il vendait, pour vivre, ses petits tableaux dans les cafés, où on en donnait à grand'peine dix ou vingt francs. Aujourd'hui, ils se vendent à des prix considérables, bien que l'État n'ait encore fait figurer aucune œuvre de Monticelli dans

---

(1) Daubigny, en ses dernières œuvres, adopta aussi ce principe, et Fortuny qui est un grand artiste injustement oublié, l'appliquait avec bonheur dans ses surprenantes aquarelles.

ses musées : la seule force mystérieuse de cette peinture lui a donné une gloire, hélas ! posthume. Bien des Monticelli ont été vendus par des marchands sous la signature de Diaz ; maintenant on les recherche bien plus que des Diaz, et des collectionneurs ont réalisé des fortunes avec ces petites toiles achetées jadis, selon l'expression courante qui se trouve sinistrement exacte, « pour un morceau de pain ».

Monticelli peignit des paysages, des scènes romantiques, des fêtes galantes un peu inspirées de Watteau, des natures mortes : on ne saurait imaginer une plus géniale faculté du coloris qu'en ces œuvres qui semblent peintes avec des pierreries écrasées, d'une harmonie puissante, et surtout d'une délicatesse inouïe dans la perception des nuances. Il y a là des tons que personne n'avait jamais inventés, une richesse, une abondance, une subtilité qui atteignent presque aux ressources de la musique. L'atmosphère de féerie de ces œuvres enveloppe un dessin très sûr, d'un style charmant, mais, selon le mot de l'artiste lui-même, « en ces toiles, les objets sont le décor, les touches sont des gammes, et la lumière est le ténor ». Monticelli s'est créé une technique toute personnelle qui ne peut guère être comparée qu'à celle de Turner ; il peignait en pleine pâte, grasse et si riche que souvent certains détails sont véritablement sculptés, en relief, d'une matière aussi savoureuse que les émaux, les bijoux, les céramiques, et qui est par elle-même un délice. Chaque tableau de Monticelli provoque la surprise : construit sur une couleur comme sur un thème musical, il s'élève à des intensités qu'on eût pensé impossibles.

Ce sont des bouquets éblouissants, des éclats de joie coloriste où pourtant rien n'est jamais criard, où règne un suprême sens de l'harmonisation.

Claude Lorrain, Watteau, Turner et Monticelli forment vraiment la généalogie d'un paysagiste comme Claude Monet. Pour tout ce qui concerne la technique, voilà la filiation directe de l'impressionnisme. En ce qui regarde le dessin, les sujets, le réalisme, l'étude de mœurs, la façon de comprendre la beauté, le portrait, le mouvement impressionniste se réfère aux maîtres français de jadis, principalement à Largillière, à Chardin, à Watteau, à La Tour, à Fragonard, à Debucourt, à Saint-Aubin, aux Moreau, à Eisen. Il s'écarte résolument de la mythologie, de l'allégorie académique, de la peinture d'histoire, des éléments néo-grecs du classicisme aussi bien que des éléments allemands ou espagnols du romantisme. C'est donc une réaction toute française que celle de ce mouvement, et assurément, s'il encourt des reproches, le moins mérité est bien celui qui lui a été fait par les peintres officiels, de désobéir à l'esprit national. L'impressionnisme est un art où ce qu'on appelle l'intellectualité au sens strictement littéraire, entre peu, un art de peintres n'admettant guère que la vision immédiate, répugnant à la philosophie et aux symboles, et considérant la clarté,

le pittoresque, l'observation vive et spirituelle, l'anti-
pathie pour l'abstraction, comme les qualités foncières
de l'art français. Nous verrons plus loin, en étudiant
isolément ses maîtres principaux, que chacun d'eux se
réfère précisément à des maîtres de pure race française.

L'impressionnisme a donc été jusqu'ici très mal jugé.
Il tient tout entier dans deux caractères : recherche
d'une technique nouvelle, expression de la réalité moderne. Sa naissance n'a pas été un phénomène spontané. Manet, qui en groupa autour de lui les principaux
membres, par son esprit, son œuvre, ses amitiés,
commença par compter dans les rangs des réalistes du
second romantisme aux côtés de Courbet, et durant
toute la première période de sa production, il resta
simplement soucieux de décrire des scènes contemporaines, alors que déjà les lois de la nouvelle technique
étaient pressenties par Claude Monet. Peu à peu s'éla-
bora le groupement impressionniste. C'est Claude
Monet qui en est l'initiateur véritable : c'est parallèlement à ses idées et à ses œuvres que Manet passa à la
seconde période de sa vie artistique, ainsi que Renoir
et Pissarro. Comme Manet, dans sa première période,
avait déjà, par son réalisme et sa façon de peindre très
influencée des Espagnols et de Hals, soulevé de reten-
tissantes polémiques, comme il insistait à chaque Salon
pour être reçu et porter ses idées devant le grand
public, comme il avait le tempérament d'un chef
d'école, la légende attache à son nom le titre de chef de

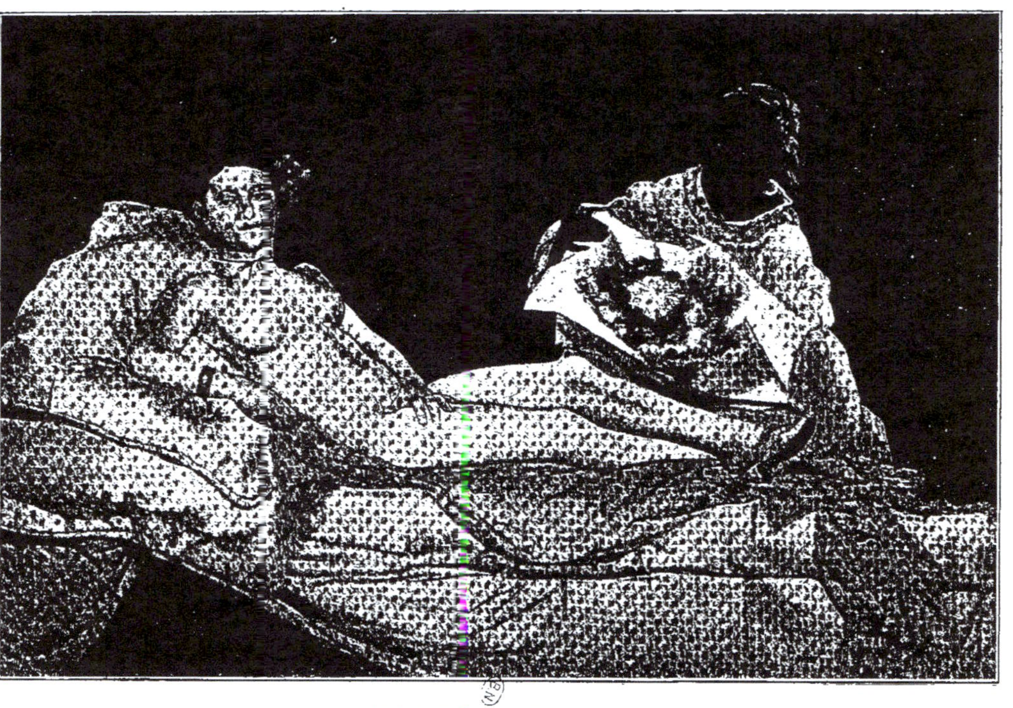

MANET. — OLYMPIA
(Musée du Luxembourg).

l'école impressionniste, mais cette légende est inexacte. Il faut même retenir que Manet commença par désapprouver les recherches de Claude Monet. *La Dame en vert* de celui-ci, admirable morceau d'ailleurs, avait été reçue au Salon de 1866, et prise pour une œuvre de Manet par des amis de celui-ci qui s'en était montré fort piqué : peu après, voyant des essais de plein-air signés de Monet, il s'écriait avec mauvaise humeur : « Voyez ce jeune homme qui veut faire du plein-air ; est-ce que les anciens s'occupaient de cela ? » Ce ne fut que vers 1870 que Manet devint l'ami intime de Monet, et après la guerre seulement il se décida, lui aussi, à tenter ce « plein-air », qui allait lui donner l'occasion de quelques chefs-d'œuvre.

Enfin le nom même d'impressionnisme est dû à Monet. On a commenté gravement ce nom, on en a tiré maint argument ; en réalité il est l'effet du hasard. L'impressionnisme, moralement si l'on peut ainsi dire, date du Salon des Refusés de 1863 ; l'empereur avait libéralement exigé qu'on réunît dans une salle spéciale les œuvres rejetées par le jury. La foule y courut pour rire à l'aise, mais beaucoup, venus pour s'amuser sur la foi des critiques académiques, sortirent troublés, sentant bien qu'une force était là. Dès cette heure le mouvement fut constitué. Mais le nom date du Salon de 1867, où un soleil couchant de Monet, titré *Impressions*, fit scandale. On appela dès lors « impressionnistes » les peintres qui peignaient plus ou moins dans

cette manière, et par extension, en bloc, les indépendants qui entouraient Manet. Ceux-ci jugèrent avec
indifférence que cette étiquette en valait une autre.
Elle se trouvait présenter d'ailleurs une signification
fausse, mais quand même assez opportune pour certains
paysages, sinon pour des tableaux de figures. Elle resta.
A ce salon méprisé on trouve les noms de Whistler,
Bracquemond, Jongkind, Fantin-Latour, Renoir, Legros, d'autres encore, qui ont depuis connu la gloire.
Ce groupe d'hommes fortifia ses amitiés et ses résolu-
tions devant le sarcasme général, et dès lors l'école fut
fondée, si l'on peut accepter une locution aussi erronée
dans les termes. L'impressionnisme exista : sous cette
dénomination de hasard se rangèrent des indépendants,
des tempéraments souvent divers, qui n'admiraient ni
l'Académie ni l'enseignement scolastique, et trouvèrent
là leur point de contact, là et dans la pauvreté, la réprobation officielle et l'amour de la nature, tout en
servant des idéals très distincts. On peut dresser la
liste exacte des préraphaélites, parce que leurs idées sur
le style étaient absolument identiques ; on ne dressera
pas la liste des impressionnistes, parce que le mot ne
signifie rien de précis. La critique peut le prendre dans
deux sens ; au sens d'une technique spéciale il est possible de séparer nettement les impressionnistes des
autres indépendants qui encoururent avec eux les colères
des jurys : au sens d'une opposition à l'idéal d'école, on
trouve dans ce grand mouvement des hommes aussi

éloignés que Fantin-Latour et Sisley, Degas et Monet. Comment qualifier d'école une réunion d'hommes dont le principe est de n'en reconnaître aucune, ni parmi eux ni au dehors? L'impressionnisme est une protestation, un symptôme psychologique, mais non pas une école ; la très précise révolution technique à laquelle son nom reste attaché n'a préoccupé qu'une partie de tous les artistes qui s'agrégèrent à la révolution d'idées qu'il représentait.

Ces artistes allaient, pendant trente années, réaliser un immense ensemble d'œuvres sous cette dénomination fortuite et vague, obéir à l'instinct créateur, sans autre dogme que l'observation passionnée de la nature, sans autre solidarité que des sympathies individuelles, en face de l'enseignement disciplinaire des académies.

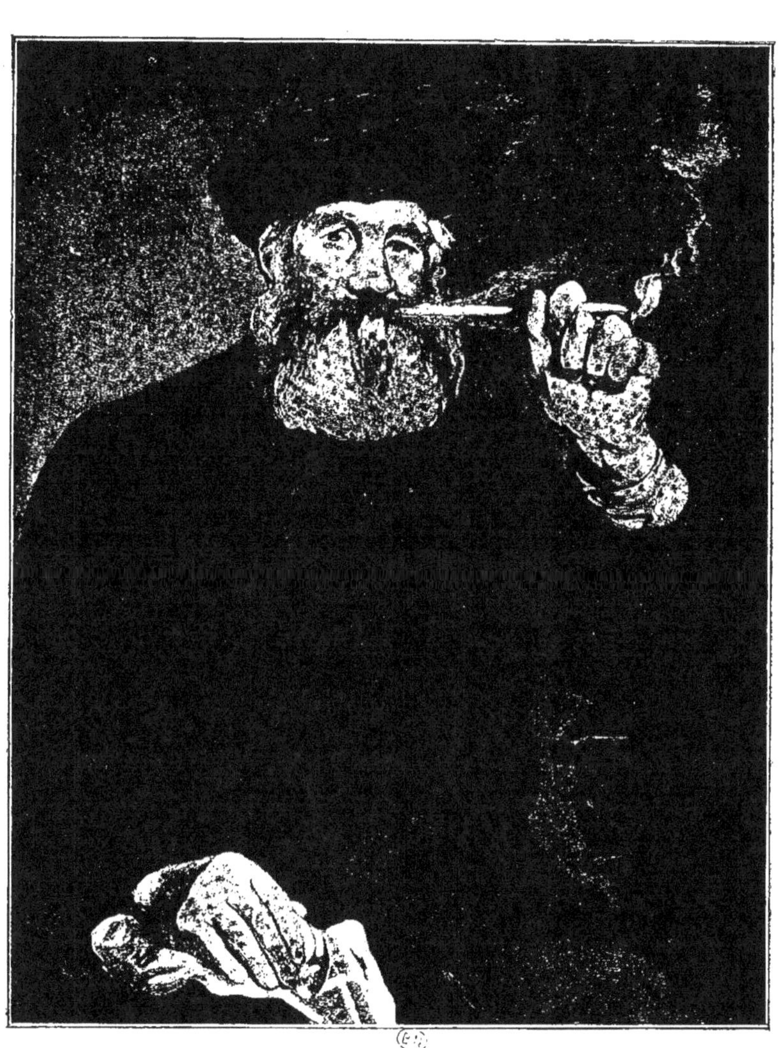

MANET. — La Bonne pipe
(Collection de M. W. Whitney, New-York).

II

LA THÉORIE IMPRESSIONNISTE : LA DIVISION DU TON, LES COULEURS COMPLÉMENTAIRES, L'ÉTUDE DE L'ATMOSPHÈRE. — LES IDÉES DES IMPRESSIONNISTES SUR LA PEINTURE DE GENRE, LE CARACTÈRE ET LA BEAUTÉ, LE STYLE MODERNE.

II

Il conviendra tout d'abord de faire remarquer que
cet exposé des théories impressionnistes n'aura rien de
dogmatique et ne saurait être l'effet d'un plan préconçu.
On n'improvise pas, en art, un système. Une théorie
se dégage lentement, et presque toujours à l'insu de
l'auteur, des trouvailles de son sincère instinct, et cette
théorie ne peut être faite qu'après des années par la
critique envisageant les œuvres. Monet et Manet ont
travaillé longtemps sans se douter qu'on déduirait des
théories de leur peinture. Cependant, un certain nombre
de considérations s'imposent en la regardant de près,
et ce sont ces considérations que nous livrerons au
public, après avoir bien rappelé que l'essentiel d'un
art, c'est toujours la spontanéité et le sentiment.

Les idées impressionnistes peuvent se résumer de la
manière suivante.

Dans la nature, aucune couleur n'existe par elle-
même. La coloration des objets est une pure illusion :
la seule source créatrice des couleurs est la lumière
solaire qui enveloppe toutes choses, et les révèle, selon
les heures, avec d'infinies modifications. Le mystère de

la matière nous échappe, nous ignorons à quel moment
exact la réalité se sépare de l'irréalité. Tout ce que
nous savons, c'est que notre vision a pris l'habitude
de discerner dans l'univers deux notions, la forme et
la couleur, mais ces deux notions sont inséparables.
Ce n'est qu'artificiellement que nous distinguons entre
le dessin et la coloration : dans la nature ils ne se
distinguent pas. La lumière révèle les formes et, se
jouant sur les différents états de la matière, pulpe des
feuilles, grain des pierres, fluidité de l'air en couches
profondes, leur donne des colorations dissemblables.
Si la lumière disparaît, formes et couleurs s'évanouissent
ensemble. Nous ne voyons que des couleurs, tout a une
couleur, et c'est par la perception des diverses surfaces
de couleurs frappant nos yeux que nous concevons
les formes, c'est-à-dire les limitations de ces couleurs.

L'idée de distance, de perspective, de volume, nous
est donnée par des couleurs plus sombres ou plus
claires : cette idée est ce qu'on appelle en peinture le
sens des valeurs. Une valeur, c'est le degré d'intensité
sombre ou claire qui permet à nos yeux de comprendre
qu'un objet est plus éloigné ou plus proche qu'un
autre. Et comme la peinture n'est pas et ne peut pas
être l'*imitation* de la nature, mais seulement son *interprétation* artificielle, puisqu'elle ne dispose que de deux
dimensions sur trois, les valeurs sont le seul moyen
qui lui reste de faire comprendre, sur une surface
plane, la profondeur.

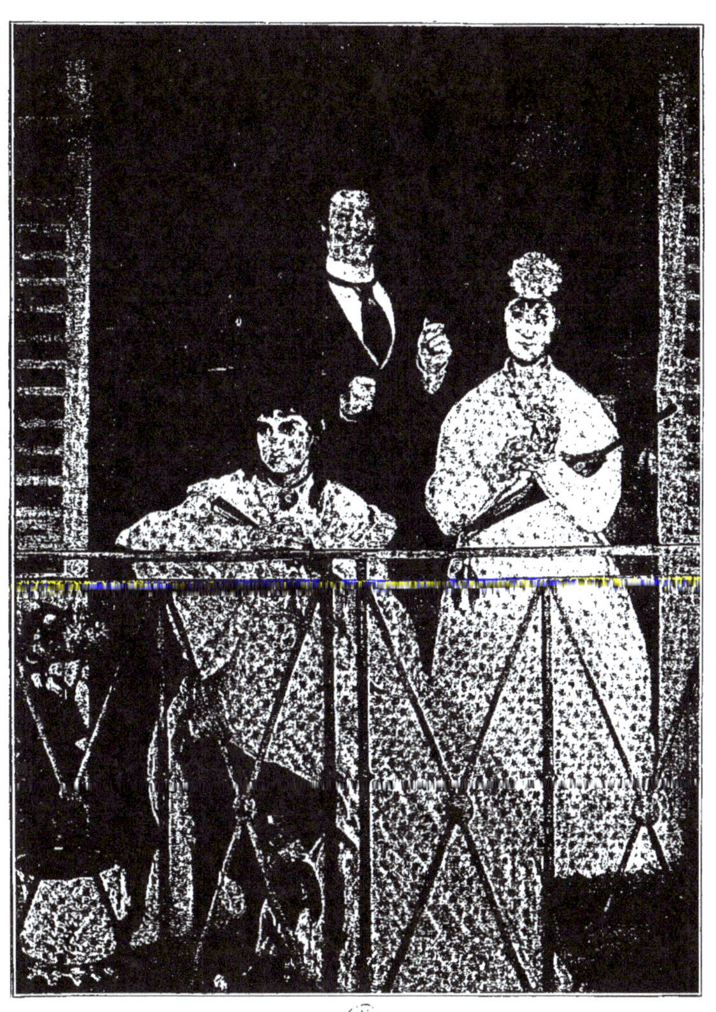

MANET. — Le Balcon
(Musée du Luxembourg).

La couleur est donc génératrice du dessin. Or, la couleur étant simplement l'irradiation de la lumière, il s'ensuit que toute couleur est composée des éléments eux-mêmes de la lumière solaire, c'est-à-dire des sept tons du spectre. On sait que ces sept tons nous apparaissent différents à cause de l'inégalité de rapidité des ondes lumineuses. Les tons de la nature nous apparaîtront donc différents, comme ceux du spectre, pour la même raison. Avec l'intensité de la lumière varient les couleurs : il n'y a pas de couleur particulière à un objet, il y a la vibration plus ou moins rapide de la lumière sur sa surface, rapidité qui dépend, comme le démontre l'optique, de l'inclinaison plus ou moins grande des rayons qui, selon qu'ils sont verticaux ou obliques, éclairent et colorient différemment.

Forme et couleur sont donc deux illusions qui coexistent l'une par l'autre, deux mots signifiant les deux procédés sommaires dont dispose notre esprit pour percevoir le mystère infini de la vie. Pas de forme sans couleur, pas de couleur sans forme. La couleur seule se réduirait au spectre solaire, la forme seule est une géométrie abstraite : dans le dessin, qui délimite les surfaces colorées, notre œil, à l'aide du souvenir, replace des couleurs, et c'est même ainsi que le dessin seul peut nous être compréhensible.

Les colorations du spectre se recomposent donc dans tout ce que nous voyons : c'est leur dosage qui fait, avec les sept tons primitifs, d'autres tons. Nous arrivons immédiatement à quelques conséquences pratiques. La première, c'est que ce qu'on appelait jadis le *ton local* est une erreur : une feuille n'est pas verte, un tronc d'arbre n'est pas brun, et selon les heures, c'est-à-dire selon l'inclinaison plus ou moins grande des rayons (ce qu'on appelle scientifiquement l'angle d'incidence), le vert de la feuille et le brun de l'arbre se modifient. Ce qu'il faut donc étudier sur ces objets, si l'on veut rappeler leur couleur à qui regarde un tableau, c'est la composition de l'atmosphère qui s'interpose entre eux et le regard. L'atmosphère est le sujet réel du tableau, tout ce qui y est représenté n'existe qu'à travers elle.

Une seconde conséquence de cette analyse de la lumière, c'est que l'ombre n'est pas une absence de lumière, mais *une lumière d'une autre qualité et d'une autre valeur*. L'ombre n'est pas un endroit du paysage où la lumière cesse, mais où elle est subordonnée à une lumière qui nous paraît plus intense. Dans l'ombre vibrent à une vitesse différente les rayons du spectre. La peinture donc, au lieu de représenter l'ombre avec des tons tout faits, dérivés du bitume et du noir, devra rechercher là, comme dans les parties claires, le jeu des atomes de la lumière solaire.

Troisième conséquence découlant de celle-ci : les couleurs dans l'ombre se modifient par la *réfraction*. C'est-à-dire que, par exemple, dans un tableau représentant un intérieur, la source de lumière (fenêtre)

peut n'être pas indiquée : la lumière circulant dans le
tableau sera donc composée des *reflets* des rayons dont
on ne voit pas la source, et tous les objets, étant des
miroirs où ces reflets viennent se heurter, s'influence-
ront mutuellement de ces chocs. Leurs couleurs influe-
ront les unes sur les autres, même si leurs surfaces
sont ternes. Un grès rouge posé sur un tapis bleu pré-
textera un échange très subtil, mais absolument mathématique, entre ce bleu et ce rouge, et cet échange
d'ondes lumineuses créera entre les deux couleurs une
zone de reflets composés de l'une et l'autre. Ces reflets
composites constitueront une gamme de tonalités
complémentaires des deux principales. Ces couleurs
complémentaires sont possibles à évaluer mathématiquement en optique. Si, par exemple, une tête se présente éclairée d'un côté par le jour orangé et de l'autre
par la lumière bleuâtre d'un intérieur, sur le nez et la
région médiane de la figure apparaîtront nécessairement
des reflets verts. Le peintre Besnard, qui s'est spécialement attaché à cette minutieuse étude des complémentaires, en a donné de célèbres exemples (1).

Enfin, la dernière conséquence de ces propositions
est que le dosage des tons du spectre s'accomplit par
une projection *parallèle* et *distincte* des couleurs. C'est
artificiellement que notre œil les réunit sur le cristallin :

____

(1) Le premier fut le portrait de Mme R. J... (Salon de 1884) qui fit
scandale. Cependant M. Besnard n'est pas, techniquement, un impressionniste, il ne dissocie pas les tonalités.

une lentille interposée entre la lumière et l'œil, s'opposant au cristallin qui est une lentille vivante, dissocie ce qu'il avait réuni et nous montre les sept couleurs distinctes de l'atmosphère. C'est non moins artificiellement que sur la palette un peintre mêle diverses couleurs pour composer un ton : c'est artificiellement encore que l'on a inventé des pâtes colorées qui représentent quelques-unes des combinaisons du spectre pour éviter à l'artiste la peine de mêler constamment les sept tons solaires. De tels mélanges sont faux, et ils ont le désavantage de créer des tonalités lourdes : car ce que la lumière, en ramenant au blanc intense la réunion des ondes lumineuses, sait faire en restant transparente, le grossier mélange des poudres et des huiles ne saurait l'accomplir. Les couleurs mêlées sur une palette composent un gris sale. Que devra donc faire le peintre soucieux de s'approcher autant que possible, avec les pauvres moyens humains, de cette divine féerie de la nature? Ici nous touchons au fond même de l'Impressionnisme. Le peintre devra ne peindre qu'avec les sept couleurs du spectre et bannir toutes les autres : c'est ce qu'a fait audacieusement Claude Monet en n'y joignant que le blanc et le noir (1). Il devra, de plus, au lieu de composer sur sa palette des mélanges, ne poser sur sa toile que des touches de sept

____

(1) C'est ce que faisait Monticelli dès 1860, en excluant même le noir, sans se douter que d'autres peintres, à Paris, cherchaient dans le même sens.

couleurs *juxtaposées,* et laisser les rayonnements indi--
viduels de chacune de ces couleurs se mélanger à
distance sur l'œil du spectateur, c'est-à-dire agir comme
la lumière elle-même.

Voilà donc la théorie de la *dissociation des tonalités,*
qui est le point capital de la technique impressionniste. Elle a l'immense avantage de supprimer tous
les mélanges, de laisser à chaque couleur sa puissance
propre, et par conséquent sa fraîcheur et son éclat. On
en conçoit aussi la difficulté extrême. Il faut que l'œil
du peintre soit d'une subtilité admirable. La lumière
devient l'unique sujet du tableau : l'intérêt des objets
sur lesquels elle s'exerce est secondaire. La peinture
ainsi comprise devient un art absolument optique, une
recherche d'harmonies, une sorte de poème naturel
tout à fait distinct de l'expression, du style, du dessin
qui ont été les buts capitaux de la peinture précédente,
et il faut presque inventer un autre nom pour cet art
spécial, qui, tout en étant pleinement pictural, se rapproche autant de la musique qu'il s'éloigne de la littérature ou de la psychologie. On comprend que, passionnés par cette étude, les impressionnistes aient été
presque étrangers à la peinture d'expression, et tout à
fait hostiles à la peinture d'histoire ou au symbolisme.
C'est, d'ailleurs, dans le paysage qu'ils ont été le plus
grands, et c'est à lui, plus qu'à la figure, que convient
avant tout cette technique.

C'est par l'application de ces principes, que j'ai très

sommairement exposés, que Claude Monet est arrivé
à peindre par la juxtaposition infiniment variée d'une
foule de taches de couleurs dissociant les tons du
spectre, et dessinant les formes des objets par l'arabesque de leurs vibrations. Un paysage ainsi compris
devient une sorte de symphonie partant d'un thème
(le point le plus lumineux par exemple) et dévelop-
pant sur toute la toile les variations de ce thème. Cette
recherche se superpose d'ailleurs aux préoccupations
habituelles des paysagistes, étude du caractère propre
des sites, du style des arbres ou des maisons, accentuation du côté décoratif, et aux préoccupations habituelles
des peintres de figures, dans le portrait. Les toiles de
Monet, de Renoir, de Pissarro, ont, de par cette recherche, un aspect absolument original : les ombres y sont zébrées de bleu, de rose, de vert, rien
n'y est opaque ou noirâtre, une vibration claire s'impose aux yeux. Enfin, le bleu et l'orangé y dominent,
tout simplement parce que, dans ces études qui sont
le plus communément des effets de plein soleil, le bleu
est la couleur complémentaire de la lumière orangée
du soleil, et se distribue forcément dans les ombres.

On trouve dans Manet, même dans sa seconde manière, un usage constant du noir, qu'il aimait et dont
il se servait pour éprouver la vibration des autres tonalités. Mais il est complètement absent des œuvres de
Monet qui sont presque toujours des effets de clair sur
clair, et Renoir en éprouve une telle aversion qu'il

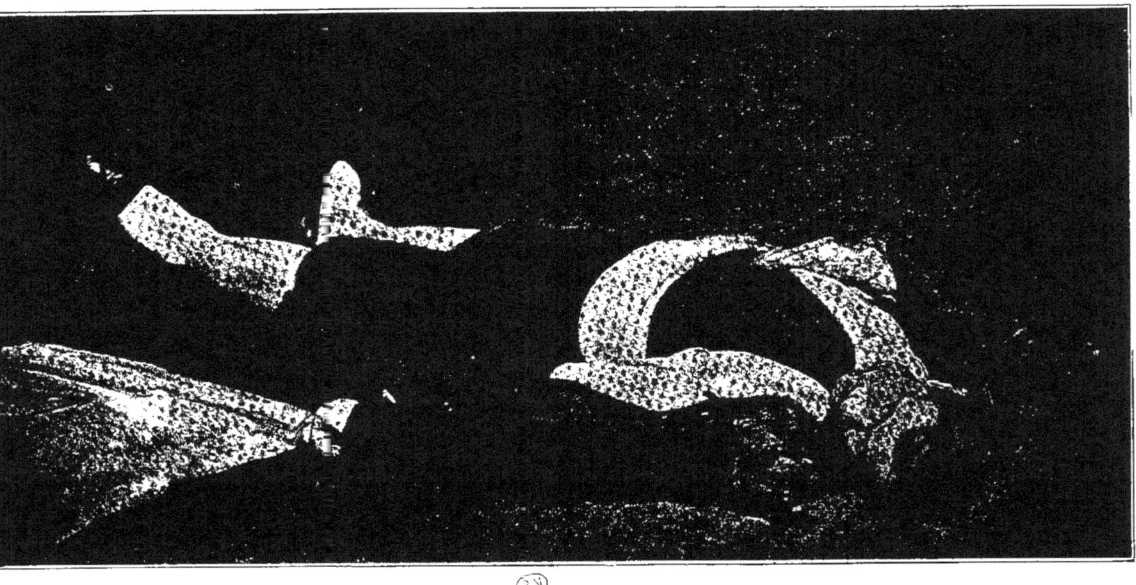

MANET. — TORERO MORT

(Collection de M. P. A. B. Widener, Philadelphie).

n'emploie que le bleu de Prusse pour signifier les valeurs les plus sombres, un vêtement noir par exemple.
Toute sa gamme est ainsi montée d'un ton. On a
raillé le goût excessif des impressionnistes pour le violet. Or, ce *violet* est une invention : on veut dire sans
doute, et ce qui est tout autre chose, une combinaison
variable d'orangé, de rouge et de bleu. Mais l'étude
sommaire du spectre démontre que ces couleurs s'ac-
cumulent en vibrations très denses dans la composition de toute ombre à contre-jour. Il ne s'agit pas de
violet, mais d'un faisceau radiant dont le dosage va du
mauve le plus pâle au rouge le plus ardent. Le violet
est précisément un ton tout fait et les impressionnistes ne s'en servent pas. Enfin, s'il faut répondre
sans plaisanterie à une allégation souvent apportée, nous ne le ferons qu'en ajoutant que ni elle
ni la réponse n'ont rien à voir dans l'art. J'entends
parler de la « facilité » d'un tel procédé. On a jugé
facile cette juxtaposition de taches, parce qu'elle semblait plus vague qu'un bon dessin bien soigné, comme
l'école l'enseigne. En réalité, la technique impressionniste est terriblement difficile. En des mains inha-
biles, elle ne donne qu'un à peu près confus et dislo-
qué : ceux des lecteurs qui se sont essayés à peindre le
comprendront dès la première tentative. Peindre avec
des tons divisés, garder les valeurs et éviter le papil-
lottement et le désordre dans une technique semblable,
exige une sûreté absolue de l'œil et de la main, et il a

fallu la force prestigieuse de Monet et de Renoir pour qu'on s'imaginât que leur art était aisé ! Il y faut une sensibilité raffinée et une science chromatique complète. Une œuvre ainsi peinte ne peut être retouchée.

On trouve en ces œuvres une foule de nuances exactes qui semblent avoir été totalement ignorées par les peintres antérieurs. Indifférents à ces analyses subtiles, les grands paysagistes du romantisme se sont montrés préoccupés avant tout du dessin et du style, réduisant un paysage à trois ou quatre grandes tonalités, et cherchant seulement à préciser le sentiment qu'il inspirait.

Il faut maintenant en venir aux idées des impressionnistes sur le style même de la peinture, sur le réalisme.

Et tout d'abord il ne faut pas oublier que l'impressionnisme a été propagé par des hommes ayant tous débuté dans le réalisme, c'est-à-dire dans un mouvement de réaction contre la peinture classique et romantique. Ce mouvement, dont Courbet restera le plus célèbre représentant, a été *anti-intellectuel*. Il a protesté contre l'intrusion de tout élément littéraire, psychologique ou symbolique dans la peinture. Il a réagi à la fois contre la peinture d'histoire de Delaroche et contre la peinture mythologique de l'École de Rome, avec une violence extrême, qui nous paraît excessive aujourd'hui, mais qui s'explique par l'intolérable abus de la fadeur ou de l'emphase où en étaient arrivés les peintres officiels. Courbet fut un magnifique ouvrier, avec des idées rudimentaires, et il s'appliqua à exclure même celles qu'il avait. Cette exagération, qui diminuera notre admiration pour son œuvre, qui nous empêchera d'y trouver une émotion autre que celle qui résulte de la maîtrise technique, fut salutaire pour le développement de l'art de ses successeurs. Elle détermina les jeunes peintres à se tourner résolument vers les spectacles de la vie contemporaine, à ne demander qu'à leur époque le style et l'émotion, et cette intention était juste ; ce n'est pas en s'attardant à imiter les styles du passé qu'on continue une tradition d'art, mais en dégageant l'expression immédiate de chaque époque. C'est ce qu'ont fait les véritables grands maîtres, et c'est la succession de leurs contemplations sincères et profondes qui constitue le style des races.

Manet et ses amis puisèrent toute leur force en cette idée : beaucoup plus fins et plus lettrés qu'un homme comme Courbet, ils eurent de la modernité une vision plus complexe et moins limitée au réalisme immédiat. Il ne faut pas oublier non plus qu'ils furent contemporains du mouvement littéraire réaliste, opposé au romantisme, mouvement où ils ne comptèrent que des amis, et où Flaubert et les Goncourt prouvèrent que le réalisme n'est pas l'ennemi d'une forme raffinée et d'une psychologie délicate. L'influence de ces idées créa d'abord Manet et ses amis : l'évolution technique dont nous avons retracé les principaux traits ne vint que plus tard se juxtaposer à leurs conceptions. On peut donc définir l'impressionnisme comme une *révolution de la technique picturale, parallèle à un essai d'expression de la modernité*. La réaction contre le symbolisme et le romantisme se trouva coïncider avec la réaction contre la peinture sombre.

Les impressionnistes, en même temps qu'ils se préoccupaient de bannir de la palette les bitumes dont l'Académie faisait un usage exagéré, en même temps aussi qu'ils tentaient d'observer la nature avec un amour plus grand de la lumière, se préoccupèrent d'échapper, dans la représentation du personnage, aux lois de la *beauté* telles que les enseignait l'École. Et sur ce point on peut leur appliquer tout ce qu'on sait des idées des Goncourt et de Flaubert, puis de Zola, dans le domaine du roman : ils furent émus par les mêmes idées, parler des uns c'est parler des autres. Le désir du vrai, l'horreur de l'emphase et du faux idéalisme qui paralysaient le roman aussi bien que la peinture, conduisirent les impressionnistes a substituer a la *beauté* une nouvelle notion, celle du *caractère*. Rechercher et exprimer le caractère propre d'un être ou d'un site leur parut être plus significatif, plus émouvant que la recherche d'une beauté unitaire, basée sur des canons, et inspirée de l'idéal gréco-latin. Comme les Flamands, les Allemands, les Espagnols, en opposition aux Italiens dont l'influence avait gagné toutes les académies européennes, les réalistes-impressionnistes français, se réfé-

rant aux qualités de clarté, de sincérité, de netteté
expressive, qui sont les véritables mérites de leur race,
se détachèrent de l'obsédante et étroite préoccupation
du beau et de tout ce qu'il comporte de métaphysique
et d'abstraction.

Ce fait de la substitution du *caractère* à la *beauté*,
c'est l'essentiel de leur mouvement. Ce qu'on devrait
appeler l'impressionnisme, c'est, ne l'oublions pas,
une technique qui peut s'appliquer à n'importe quel
sujet. Qu'on peigne une Vierge ou un ouvrier, on peut
les peindre avec des tonalités divisées, et certains peintres actuels, par exemple le symboliste Henri Martin,
qui a presque les idées d'un préraphaélite, l'ont prouvé
en usant de cette technique pour exprimer des sujets
religieux ou philosophiques ; mais on ne peut comprendre l'effort et les défauts des peintres groupés autour de Manet qu'en se rappelant constamment leur
amour du *caractère*. Avant Manet, on distinguait
entre les sujets *nobles* et les autres, qu'on reléguait
dans la peinture de genre et où l'École n'admettait pas
qu'il y eût de grands artistes, parce que la familiarité
de leurs sujets leur interdisait ce rang. La suppression
de la *noblesse* inhérente aux sujets traités devait avoir
pour conséquence de replacer au premier rang le mérite technique du peintre pour l'évaluation de sa gloire.
Les réalistes-impressionnistes peignirent des scènes de
bal, de canotage, de rues, de champs, d'usines, d'intérieurs modernes, et trouvèrent dans la vie des humbles

un immense sujet d'étude des gestes, des costumes, des expressions du xix° siècle,

Leur effort porta sur la façon de présenter les personnages, sur ce qu'on appelle la « mise en cadre » en langage d'atelier. Là aussi ils bouleversèrent les principes admis par l'École. Manet, et surtout Degas, ont à ce point de vue créé un style nouveau dont toute l'illustration réaliste contemporaine est née, et qu'on ignorait totalement, ou qu'on n'osait appliquer, avant eux, style qui se réclame directement d'ailleurs des petits peintres du xviii° siècle, de Saint-Aubin, de Debucourt, des Moreau, puis, plus lointainement, des Hollandais. Mais cette fois, au lieu de borner ce style à la vignette, aux dimensions minimes, les impressionnistes lui ont donné hardiment les dimensions et l'importance des grandes toiles. Ils ont fondé les lois de la composition, et par conséquent du style, non plus sur les idées inhérentes au sujet, mais sur les valeurs et les harmonies. Pour prendre un exemple sommaire, si l'École composait un tableau représentant la mort d'Agamemnon, elle ne manquait pas de subordonner toute la composition à Agamemnon, puis à Clytemnestre, puis aux témoins du meurtre, en s'occupant de graduer l'intérêt moral, littéraire, selon ces divers personnages, et en sacrifiant à cet intérêt le coloris et les qualités réalistes de la scène. Les réalistes composèrent en distinguant d'abord la valeur la plus forte du tableau, par exemple une robe rouge, et en distri-

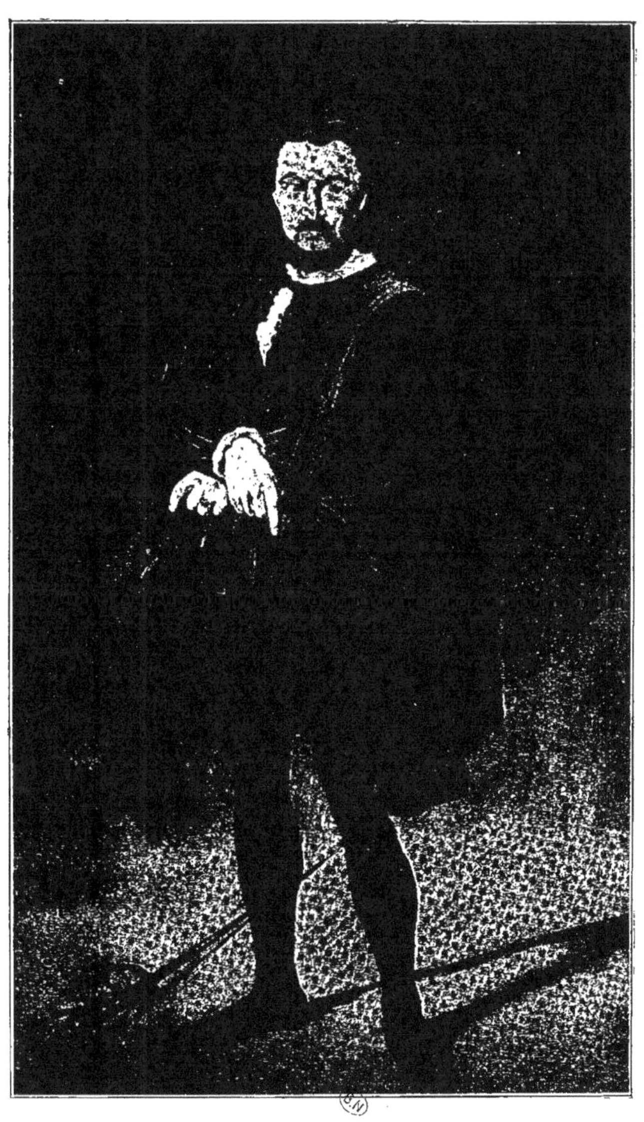

MANET. — PORTRAIT DE ROUVIERE
(Collection de M. G. Vanderbilt, New-York).

buant les autres valeurs selon une progression harmonique de leurs tonalités. « Le personnage principal d'un tableau, c'est la lumière » disait Manet (1). C'est donc une préoccupation purement picturale et décorative qui, chez lui et ses amis, primait toujours le souci de l'expression et des sentiments éveillés par le sujet. Cela a conduit les impressionnistes, parfois, à de graves erreurs; mais la plupart du temps ils les ont évitées en se bornant à des sujets très simples dont la vie quotidienne leur présentait le groupement tout fait.

Une des réformes dues à leur conception a été la suppression du modèle professionnel, et son remplacement par le modèle naturel, vu dans l'exercice de son métier : c'est là une des plus utiles conquêtes qu'ils aient assurées à la peinture contemporaine. Ils ont ainsi fait un juste retour au naturel, à la simplicité. Presque toutes leurs figures sont de véritables portraits, et dans tout ce qui concerne l'ouvrier et le paysan, ils ont trouvé le style et le caractère propres, parce qu'ils ont observé ces êtres dans la vérité de leurs occupations au lieu de les ankyloser dans une pose factice, et de peindre des déguisés (2). La base de tous leurs tableaux a été d'abord une série d'études du paysage et des per-

(1) « Un tableau est le développement logique de la lumière », dit M. Eugène Carrière. Cf. les idées de Taine (Philosophie de l'art), si justes et si osées — et la page prophétique de Balzac dans le *Chef-d'œuvre inconnu*, qui prévoit, en 1837, tout l'art actuel.

(2) C'est d'ailleurs ce que faisait Millet dès 1855, observant longuement une scène, s'aidant de croquis et peignant de souvenir.

sonnages faites en pleine nature, loin de l'atelier, et
coordonnées ensuite. On peut souhaiter que l'art pictural ait de plus hautes ambitions, et trouve dans les
primitifs l'exemple d'une mysticité, d'une expression
de l'abstrait et du rêve. Mais il ne faut pas méconnaître
la puissance d'observation naïve et réaliste que les primitifs apportèrent dans l'exécution de leurs œuvres
tout en la subordonnant à l'expression religieuse, et il
faut aussi convenir que les réalistes-impressionnistes
servirent du moins leur conception de l'art avec logique,
avec homogénéité. Les critiques qu'on peut leur adres-
ser sont celles que comporte le réalisme lui-même, et
nous observerons que jamais l'esthétique n'a su créer
des classifications capables de définir et de contenir les
infinies nuances que comportent des tempéraments
créateurs. En art, les classifications sont rarement va-
lables, et plutôt nuisibles. Réalisme, idéalisme, sont
des termes abstraits qui ne sauraient suffire à caractériser des êtres obéissant à leur sensibilité. Il faudrait
alors inventer autant de mots qu'il y a d'hommes remarquables. Si Vinci fut un grand peintre, Turner ou
Monet ne sont-ils point des peintres ? Il n'y a entre
eux aucun rapport, leurs modes de pensée et d'expression sont des antipodes ; le plus simple est peut-être
de les admirer tous, en renonçant à définir le peintre et
en adoptant ce nom pour désigner l'homme qui use de
la palette pour s'exprimer.

Ainsi, préoccupation de l'émotion contemporaine,

substitution du caractère au beau classique (ou encore
du beau émotionnel au beau formel), admission de
l'ancienne « peinture de genre » au premier rang pictural, composition fondée sur les réactions réciproques
des valeurs, effacement des sujets devant l'intérêt de
l'exécution, effort pour isoler la peinture des idées
inhérentes au domaine littéraire, et pourtant rapprochement instinctif vers la symphonisation des couleurs
et par conséquent vers la musique, voilà les principaux
caractères de l'esthétique des réalistes impressionnistes,
si du moins on peut prêter ce terme à un groupement
d'adversaires de l'esthétique telle qu'on l'enseigne en
général.

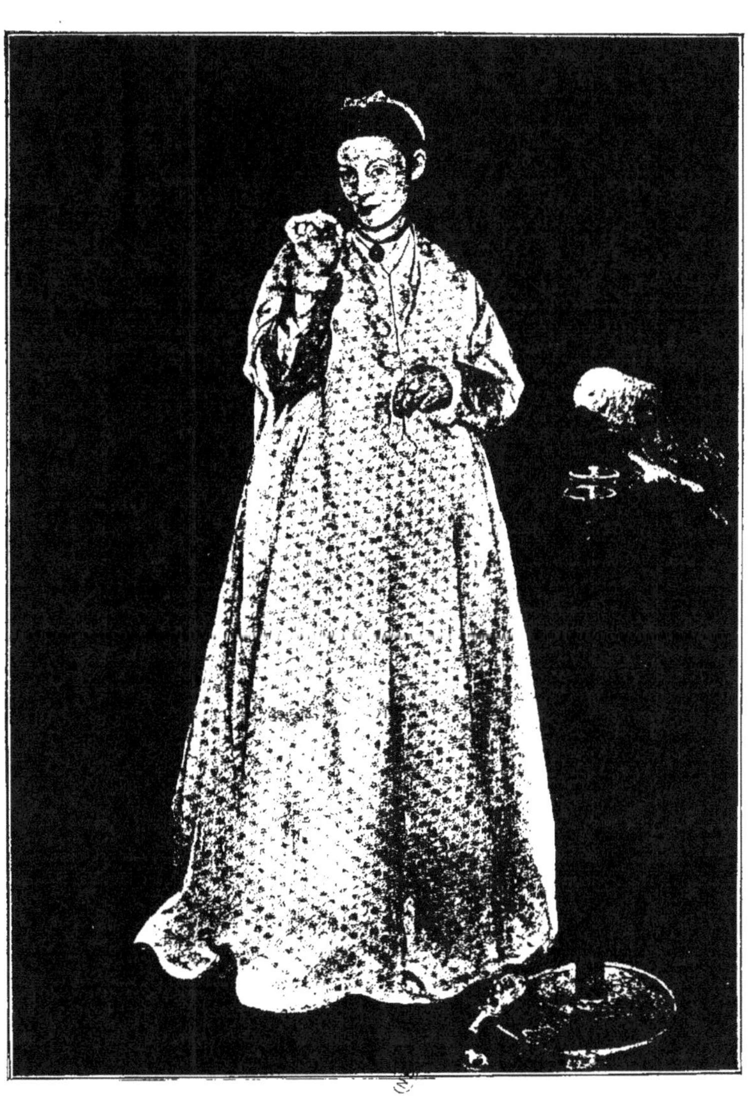

MANET. — LA FEMME AU PERROQUET
(Metropolitan Museum, New-York).

III

Édouard Manet et son œuvre
(1832-1883)

III

Nous l'avons dit, Édouard Manet (1) n'a pas été l'initiateur de la technique impressionniste. C'est l'œuvre de
Claude Monet qui en offre l'exemple le plus complet,
et qui est venue la première en date. Mais il est très
difficile de déterminer de pareilles préséances, et c'est
en somme assez inutile. On n'invente pas une technique en un jour. Celle-là est le résultat de longues
recherches qui furent communes à Manet, à Monet
et à Renoir, et il faut réunir sous le nom collectif
d'impressionnistes un ensemble d'hommes qui, liés
d'amitié, firent à la même heure un effort vers l'origi
nalité, à peu près dans le même sens, tout en étant
souvent fort différents. Comme dans le cas des préraphaélites, c'est avant tout l'amitié, puis la raillerie injuste, qui créèrent la solidarité des impressionnistes.
Encore les préraphaélites, souhaitant un art idéologique
et symbolique, étaient-ils d'accord sur des principes
intellectuels qui leur permirent de préciser aussitôt un
programme. N'unissant que des tempéraments, et

(1) Né à Paris en 1832, mort à Paris le 30 avril 1883.

avant tout préoccupés de rompre avec toute scolastique et tout programme, les impressionnistes cher-
chèrent simplement à faire du nouveau, avec franchise
et liberté.

Manet fut, au milieu d'eux, la personnalité désignée
à la fois par leur admiration et les attaques de la critique pour servir de porte-drapeau. Un peu plus âgé,
il avait déjà, seul, soulevé d'ardentes polémiques par
les œuvres de sa première manière. On le tenait pour
un novateur, et c'est par une admiration instinctive,
qu'à ses premiers amis, Whistler, Legros et Fantin-
Latour, se joignirent successivement Marcelin Desboutin, puis Degas, Renoir, Monet, Pissarro, Caillebotte, Berthe Morisot, le jeune peintre Bazille qui devait
être tué prématurément en 1870, et des écrivains,
Gautier, Banville, Baudelaire (qui fut un admirateur
passionné de Manet), puis plus tard Zola, les Goncourt, Stéphane Mallarmé. Ce fut le premier noyau
d'un public qui devait s'augmenter d'année en année.
Enfin, Manet avait les qualités personnelles d'un chef :
c'était un homme d'esprit, un travailleur ardent, et un
caractère enthousiaste et généreux.

Manet commença chez Couture ses premières études ;
après avoir voyagé au long cours pour obéir à ses
parents, la vocation fut la plus forte. Vers 1850, le
jeune homme entra chez le sévère auteur des *Romains
de la décadence*. Il y resta peu : il déplut au professeur
par son énergie intransigeante. Couture disait de lui,

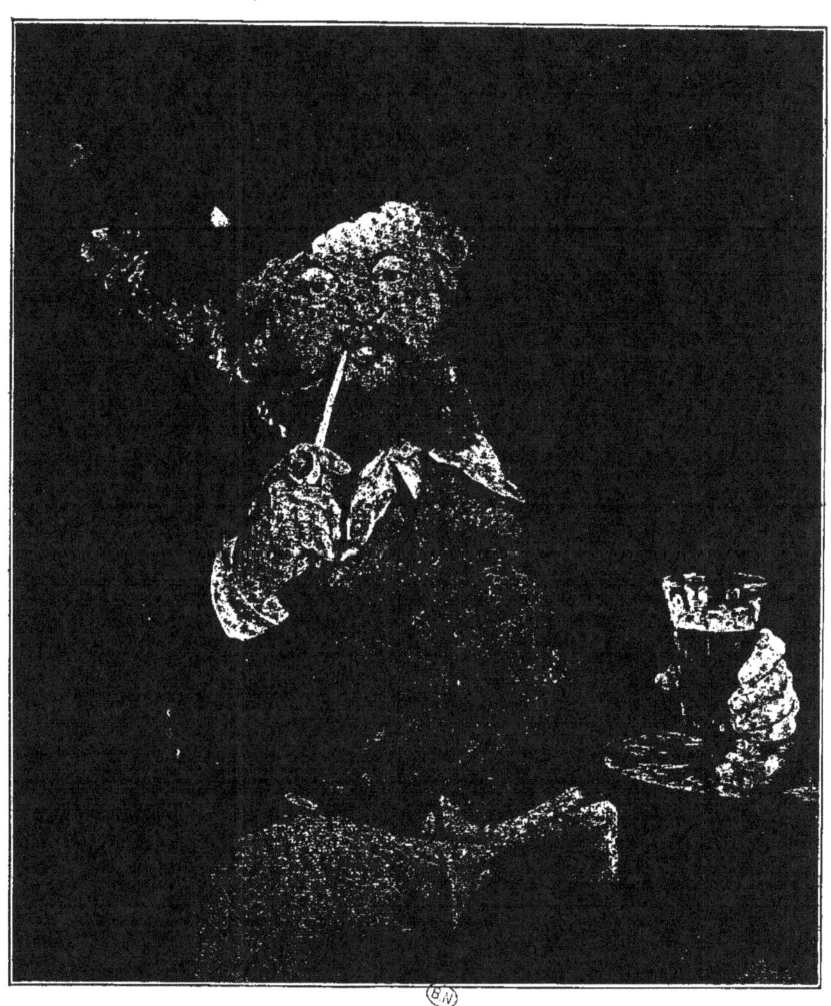

MANET. — Le Bon bock
(Collection de M. Faure, Paris).

avec mauvaise humeur : « Ce sera le Daumier de 1860. »
On sait que Daumier, lithographe et peintre de génie,
était tenu en piètre estime par les académiques. Manet
voyagea en Allemagne après le coup d'État, copia
Rembrandt à Munich, puis gagna l'Italie, copia Tintoret à Venise, et prit là l'idée de plusieurs tableaux
religieux. Puis il se passionna pour les Espagnols,
spécialement pour Velazquez et Goya. L'expression sincère des choses vues s'imposa dès lors comme la prin-
cipale règle d'art à son cerveau de jeune français loyal,
ardent, ennemi des subtilités. Il peignit quelques belles
œuvres, le *Buveur d'absinthe*, le *Vieux musicien*. On y
trouve l'influence de Courbet, mais déjà les noirs, les
gris y sont d'une qualité originale et superbe, ils
annoncent un virtuose de premier ordre.

C'est en 1861 que Manet envoya pour la première
fois au Salon les portraits de ses parents et le *Guitar-*
rero, que Gautier salua, et que le jury récompensa,
bien qu'il soulevât quand même la surprise et l'irritation. Mais dès lors il fut refusé, qu'il s'agît du *Fifre* ou
du *Déjeuner sur l'herbe*. Cette toile, où brille un nu
féminin admirable, créa un scandale parce qu'une
femme dévêtue y figurait parmi des personnages
habillés, chose pourtant fréquente chez les maîtres de
la Renaissance. Le paysage n'y est pas peint en plein
air, il est fait dans un atelier et ressemble à une tapisserie, mais on y trouve déjà le plus éclatant témoignage
du talent de Manet dans l'étude de nu et dans la nature

morte du premier plan, qui est un chef-d'œuvre puissant. Dès cette toile la personnalité de l'artiste apparaît dans toute sa maturité : il la fit avant d'avoir trente ans, et elle a l'air d'une œuvre de vieux maître, elle procède de Hals et des Espagnols tout ensemble.

La réputation de Manet, à partir de 1865, s'établit : aux critiques furieuses s'opposaient les admirations enthousiastes. Baudelaire soutint Manet comme il avait soutenu Delacroix et Wagner, avec sa haute clairvoyance, sympathique à toute originalité réelle. L'*Olympia* vint mettre le comble à la discussion. Cette courtisane couchée nue sur un lit, avec une négresse portant un bouquet, et un chat noir, fit émeute. C'est une œuvre forte, d'une couleur vive, d'un dessin large, d'un sentiment intense, qui étonne par un parti pris de réduction des valeurs à la plus grande simplicité. On y sent la préoccupation de retrouver la rude franchise de Hals et de Goya, l'aversion pour le joli et la noblesse fausse de l'École. Cette fameuse *Olympia* qui déchaîna de telles fureurs nous paraît aujourd'hui une œuvre de transition. Elle a été offerte au Luxembourg par un groupe d'amis de Manet. Ce n'est ni un chef-d'œuvre ni, disons-le, une œuvre profonde, malgré tous les commentaires littéraires qu'on a écrits sur elle. Mais c'est un essai technique très significatif à l'époque où il parut dans la peinture française, et c'est bien comme une date d'évolution que doit être considérée cette toile, que Manet a bien dépassée plus tard. Elle

contient toute la logique de ses principes. Il l'avait
peinte vers 1863, mais hésitait à l'exposer et ne s'y
décida qu'au Salon de 1865, sur les instances de Baudelaire qui, à cette occasion, lui écrivit cette phrase
typique : « Vous vous plaignez des attaques? Mais êtes-
vous le premier à les endurer, avez-vous plus de génie
que Chateaubriand et Wagner? Ils ne sont pas morts
des railleries subies. Et pour ne pas vous inspirer trop
d'orgueil, je vous dirai qu'ils sont des modèles, chacun
dans son genre et dans un monde très riche, tandis
que vous n'êtes que le premier dans la décrépitude de
votre art. »

L'*Olympia,* exposée, dut être déplacée et accrochée
au plus haut des murs pour être soustraite à la colère
du public ameuté par la critique. Dès lors le nom de
Manet fut le symbole exécré de l'art révolutionnaire. Il
faut bien établir que dès 1865, des années avant que
le nom même de l'impressionnisme existât, Manet à
lui seul portait le poids de la réprobation. C'est là une
constatation importante qui fera saisir nettement la
double origine du mouvement qui suivit. C'est à son
réalisme, à son retour aux compositions modernistes,
à sa simplification des plans et des valeurs, que Manet
devait ces attaques. Les critiques du temps portent
exclusivement sur ces points : on lui reproche de « ne
pas idéaliser », de peindre des sujets « bas », et de
faire « une peinture dure, blafarde ou noire, d'effet
sinistre » alors qu'il procède uniquement de Hals, de

Goya et de Courbet. Les attaques contre les « ombres bleues » ne viendront que huit ans après.

L'artiste alors devint un chef : comme ses amis le rejoignaient dans un petit café des Batignolles (le café Guerbois, qui existe encore), la raillerie publique baptisa ces réunions d'*École des Batignolles*. Là venaient Legros, Whistler, Fantin-Latour, Zola, Duranty, Desboutin, Guillemet, Astruc, Burty, Proust, Stevens. Tous admiraient Manet, et leur amitié le consolait des rigueurs du jury : le temps était loin de la mention honorable décernée en 1861 au *Guitarrero* vanté par Théophile Gautier ! Le groupement du Salon des Refusés de 1863 avait décidément créé des haines irréconciliables. Manet cependant fut reçu au Salon de 1866 et y exposa les *Anges au tombeau du Christ*, l'*Épisode d'un combat de taureaux* ; mécontent de cette toile il y découpa le torero tué du premier plan, appelé depuis l'*Homme mort*. *Lola de Valence*, commentée par Baudelaire d'un quatrain qu'on retrouve dans les *Fleurs du Mal*, l'*Enfant à l'épée*, l'*Acteur tragique* (portrait de Rouvière dans *Hamlet*), les *Gitanos*, *Jésus insulté* sont des œuvres contemporaines de ces Salons où parurent *Olympia* et les *Anges au tombeau du Christ*. Cette série d'œuvres est admirable. C'est là qu'éclate la révélation d'un splendide coloriste, aussi vigoureux dessinateur que magistral peintre de morceaux, avec l'allure d'un vieux maître. On ne pense plus à chercher autre chose, en ces œuvres, que le prestige de la force, on reste

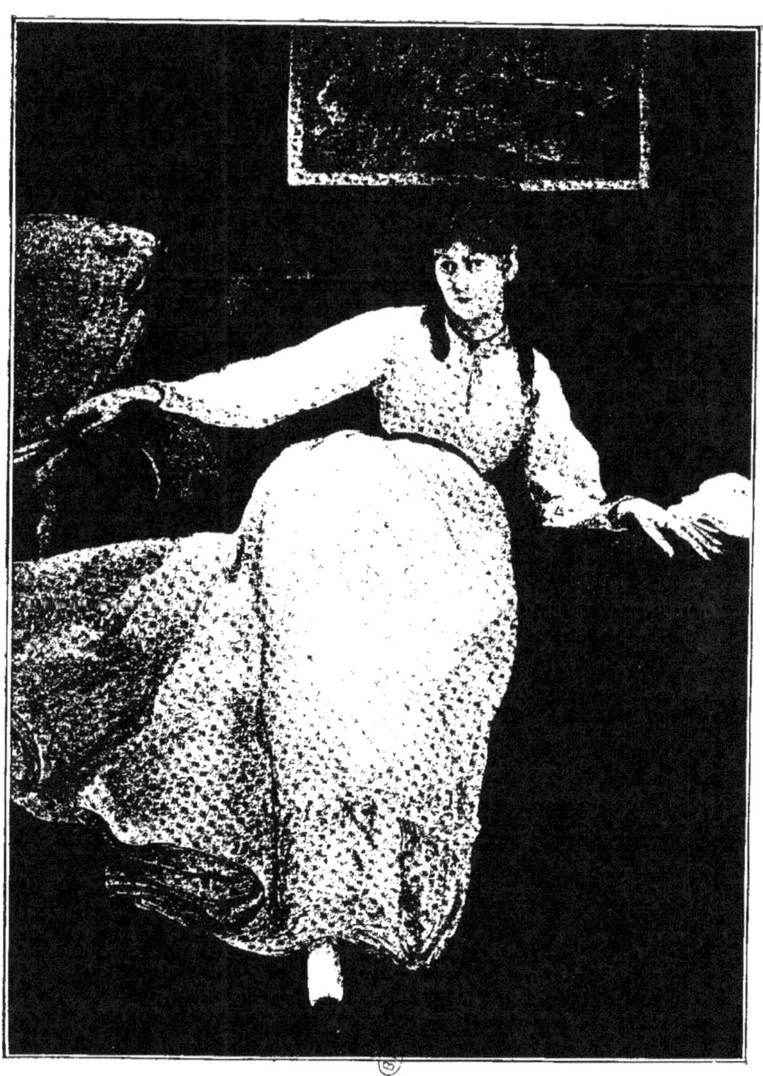

MANET. — Le Repos
(Collection de M. G. Vanderbilt, New-York).

ébloui de l'abondante richesse d'un tel tempérament, Manet se montre l'héritier des grands Espagnols, plus intéressant, plus spontané, plus libre et plus français que Courbet. Le *Rouvière* est une harmonie en gris et noir aussi belle que les plus nobles Bronzino, et l'*Homme mort* est un morceau de grand style, ainsi que le *Christ mort*. La filiation de Manet, toute classique, apparaît là indéniable. Déjà Monet et Renoir, Degas et Pissarro travaillent, et sont venus se joindre au groupe des Batignolles, mais la critique n'a d'yeux et d'attaques que pour Manet. Il incarne décidément l'esprit de révolte contre l'École, plus que Courbet refusé pourtant par le jury. Banni des Salons, Manet se décide alors à exposer l'ensemble de son œuvre dans un baraquement avenue de l'Alma, au moment le plus violent de la lutte, moment où Zola manque être expulsé de l'*Événement* pour avoir défendu son ami, moment où l'Exposition de 1867 s'ouvre en excluant l'artiste. Cinquante toiles, dont on trouvera la liste à la fin de ce livre, sont réunies : cinquante toiles en sept années donnent la mesure de l'acharnement au travail de ce grand garçon élégant et spirituel, boulevardier aux mots redoutés, qu'on traite de rapin fantaisiste dans les journaux du temps. A cette occasion, Manet publie en tête du catalogue une préface qu'on lira avec curiosité, et qui donne bien le ton à la fois résolu et modéré de ses idées et de son caractère en face des quolibets, des caricatures et des injures qu'on lui a prodiguées :

« Depuis 1861, M. Manet expose ou tente d'exposer.

« Cette année, il s'est décidé à montrer directement au public l'ensemble de ses travaux.

« A ses débuts au Salon, M. Manet obtenait une mention. Mais ensuite, il s'est vu trop souvent écarté par le jury pour ne pas penser que, si les tentatives d'art sont un combat, au moins faut-il lutter à armes égales, c'est-à-dire pouvoir montrer aussi ce qu'on a fait.

« Sans cela, le peintre serait trop facilement enfermé dans un art dont on ne sort plus. On le forcerait à empiler ses toiles ou à les rouler dans un grenier. L'admission, l'encouragement, les récompenses officielles sont en effet, dit-on, un brevet de talent aux yeux d'une partie du public prévenue dès lors pour ou contre les œuvres reçues ou refusées. Mais d'un autre côté on affirme au peintre que c'est l'impression spontanée de ce même public qui motive le peu d'accueil que font les jurys à ces toiles.

« Dans cette situation on a conseillé à l'artiste d'attendre. Attendre quoi? Qu'il n'y ait plus de jury?

« Il a mieux aimé trancher la question avec le public.

« L'artiste ne dit pas aujourd'hui : « Venez voir des œuvres sans défauts » mais « venez voir des œuvres sincères. »

« C'est l'effet de la sincérité de donner aux œuvres un caractère qui les fait ressembler à une protestation, alors que le peintre n'a songé qu'à rendre son impression.

« M. Manet n'a jamais voulu protester. C'est contre lui, qui ne s'y attendait pas, qu'on a protesté, au con_traire, parce qu'il y a un enseignement traditionnel de formes, de moyens, d'aspect, de peinture ; c'est que ceux qui ont été élevés dans de tels principes n'en admettent pas d'autres. Ils y puisent une hâtive intolérance. En dehors de leurs formules rien ne peut valoir, et ils se font non seulement critiques, mais adversaires, et adversaires actifs.

« Montrer est la question vitale, le *sine qua non* pour l'artiste, car il arrive après quelques contemplations qu'on se familiarise avec ce qui surprenait, et, si l'on veut, choquait. Peu à peu on le comprend et on l'admet.

« Le temps lui-même agit sur les tableaux avec un insensible polissoir et en fond les rudesses primitives (1).

« Montrer, c'est trouver des amis et des alliés pour la lutte.

« M. Manet a toujours reconnu le talent là où il se trouve, et n'a prétendu ni renverser une ancienne peinture ni en créer une nouvelle. Il a cherché simplement à être lui-même et non un autre.

« D'ailleurs, M. Manet a rencontré d'importantes sym-

(1) Manet ne croyait pas si bien dire : en revoyant notamment le portrait de ses parents (exposé en 1861) dont un critique disait « qu'ils devaient maudire le jour qui mit un pinceau aux mains de ce portraitiste sans entrailles », on reste surpris, devant la moelleuse enveloppe de ces figures, du reproche de « dureté barbare » des feuilles de l'époque.

pathies, et il a pu s'apercevoir combien les jugements des hommes d'un vrai talent lui deviennent de jour en jour plus favorables.

« Il ne s'agit donc plus pour le peintre que de se concilier le public dont on lui fait un soi-disant ennemi. »

Le morceau restera un document non seulement sur le caractère personnel de Manet, mais encore sur l'état d'esprit que commandait l'époque : on y trouve Manet tout entier, comme artiste et comme chef d'école malgré lui, et on y devine la gravité, l'énergie sobre de son esprit. L'*Exécution de Maximilien à Queretaro*, par ordre officiel, ne fut pas jointe à l'exposition. C'est, avec la lithographie de la *Guerre civile*, le seul tableau tragique de Manet, et on y trouve une émotion impressionnante.

En 1860 parut le portrait d'Émile Zola, en 1869 le *Balcon* souleva des railleries, mais le *Déjeuner* s'imposa par sa puissance : la figure de jeune garçon debout contre la table en veston de velours noir (portrait de Léon Leenhoff, frère de Mme Manet), est une merveille d'exécution. En 1870 parut le portrait d'*Éva Gonzalès peignant*, qui restera parmi les plus belles œuvres de Manet.

A trente-huit ans, au moment de la guerre, l'artiste était à l'apogée de son talent : il avait amoncelé une œuvre considérable, abordé tous les genres, dégagé sa personnalité de l'étude admirative des maîtres du réalisme ancien. Il allait maintenant se révéler dans un

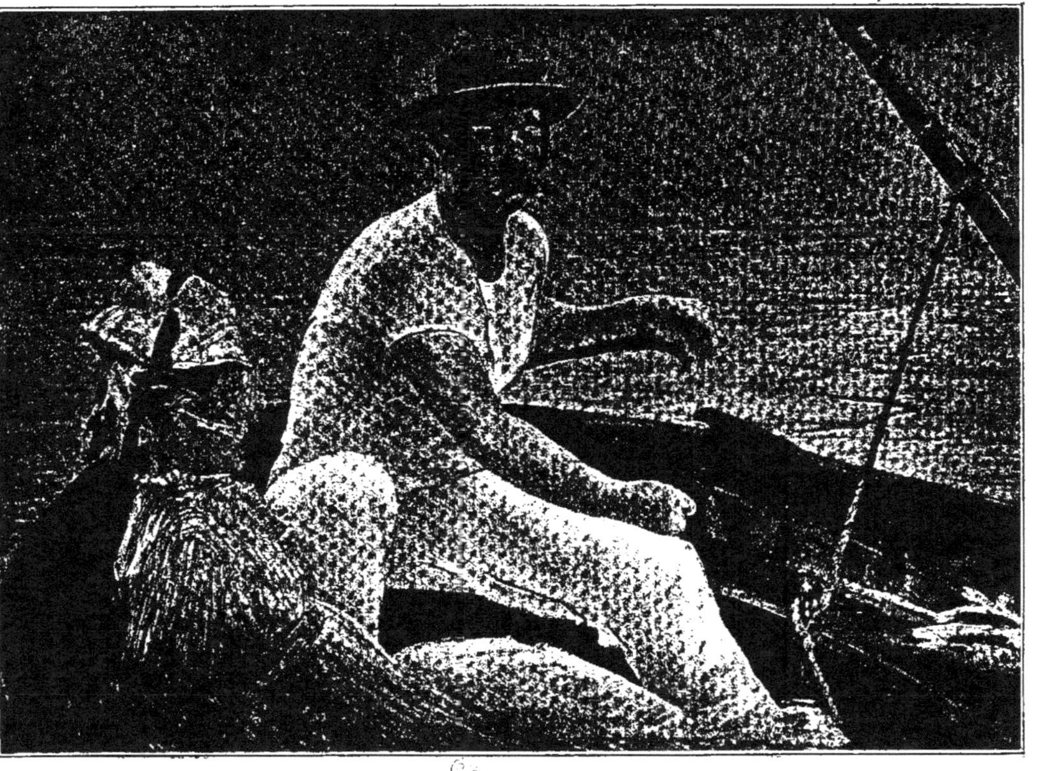

MANET. — LES CANOTIERS

(Collection de M. H. O. Havemeyer, New-York).

ordre de recherches nouvelles, et, se joignant à Monet
et à Renoir, interpréter à sa façon la théorie du « plein-
air », la marquer de sa griffe puissante, sans adopter
le principe de la fragmentation du ton, mais en pous-
sant très loin l'étude des complémentaires et en l'appliquant à la figure et à la composition. Le *Jardin*,
peint en 1870, mais exposé seulement en 1872, fut son
premier essai. Il le montra en même temps que le
Combat du Kearsage et de l'Alabama, admirable marine
que Barbey d'Aurevilly salua d'un article enthousiaste.
Le *Bon bock*, le *Liseur*, le beau portrait de Berthe Mo-
rizot, furent ses derniers gages à son ancienne manière.
A ce moment la maison Durand-Ruel achetait une importante série de ses toiles et s'ouvrait aux premiers
impressionnistes : le *Bon bock,* ce morceau digne de
Hals, eut un grand succès, presque général, et devint
populaire. Mais déjà Manet était irrésistiblement en-
traîné vers l'étude de la lumière, et il était résolu à
livrer une nouvelle bataille sur ce nouveau terrain.
Tandis que Degas commençait ses séries de courses et
de danseuses en s'attachant surtout au dessin du mouvement et au caractère réaliste de l'époque, Manet,
gagné par les idées de Claude Monet, sans renoncer à
ces préoccupations de sa première période, se tournait
vers l'étude de l'atmosphère avec Renoir et Pissarro. A
ce moment il tenta de faire comprendre à ses amis la
nécessité de s'imposer aux Salons, d'y faire entrer de
force leurs idées. « Expose donc avec nous, disait-il

en riant à Degas, tu auras une mention. » Au fond,
c'était sa conviction que le devoir d'un artiste qui a
trouvé sincèrement quelque chose est de se présenter
bravement au grand public. Dans la même pensée, et
non dans un but mesquin d'ambition personnelle comme
on l'a dit, Zola voulut faire entrer à l'Académie la natu-
ralisme sous son nom. Les amis de Manet refusèrent :
presque tous avaient des caractères ombrageux, redou-
taient les discussions, s'effrayaient des polémiques tout
en étant très audacieux dans leur art. Ils se contentaient
d'exposer dans les galeries particulières et renonçaient
aux Salons, par mépris non moins que par timidité.
Ils se groupèrent à l'écart, et Manet resta seul, souffrant
de se séparer d'eux. Il allait d'ailleurs, par son courage
à rassembler sur lui toutes les attaques comme jadis,
leur rendre un grand service et leur ouvrir l'avenir.
En 1875, il présentait avec l'*Argenteuil* le résumé de
ses nouvelles recherches. Le jury l'admit malgré de
vives protestations : on avait peur de Manet, il s'impo-
sait par sa puissance de volonté et de travail, le prestige
de sa force captivait. Mais en 1876 le portrait de Desboutin et le *Linge* (un des chefs-d'œuvre de l'impressionnisme) furent refusés. Manet alors recommença
l'expérience de 1867 en ouvrant son atelier au public,
rue de Saint-Pétersbourg, avec un registre où chacun
était libre d'inscrire son opinion. Ce registre serait
d'une lecture édifiante aujourd'hui ; il se couvrit autant
d'éloges que de grossièretés anonymes, souvent inscrites

au-dessus de signatures innocentes. L'effet fut pourtant si favorable qu'en 1877 le jury admit le portrait du chanteur Faure dans *Hamlet*, mais refusa la *Nana* inspirée par le célèbre roman de Zola, toile d'une fraîcheur charmante, d'une couleur délicate, avec de puissants morceaux de nu. En 1878, le portrait d'*Antonin Proust* fut bien accueilli, mais *Chez le père Lathuile,* scène au restaurant, dans laquelle le réalisme nerveux et lumineux de Manet ressemble si étrangement à l'art des Goncourt, provoqua encore des colères. En 1879, ce furent la *Serre* et *En bateau* : en 1881, le portrait de Rochefort et celui du tueur de lions Pertuiset. A cette occasion un groupe de jeunes membres du jury enleva de vive force le vote d'une seconde médaille pour Manet. Il faut retenir leurs noms : c'étaient Bin, Carolus-Duran, Cazin, Duez, Feyen-Perrin, Gervex, Guillaumet, Guillemet, Henner, Lalaune, Lansyer, Lavieille, Émile Lévy, de Neuville, Roll, Vollon et F. de Vuillefroy. Tel était encore l'acharnement qu'on fit circuler anonymement une liste de leurs noms adressée « aux électeurs du jury de peinture », et plusieurs durent à leur vote de n'être point réélus l'année suivante. En décembre 1881, Manet fut décoré par M. Antonin Proust, son ami d'enfance, devenu ministre des Beaux-Arts. En 1882, parut au Salon le *Bar des Folies-Bergère,* œuvre magnifique, une des plus belles que Manet ait jamais faites. Un portrait de jeune femme appelé « Printemps » l'accompagnait. Mais le 30 avril 1883

Manet, épuisé par le travail et les luttes, mourut d'ataxie locomotrice, après avoir subi vainement l'amputation d'un pied pour éviter la gangrène.

Ainsi se termina prématurément cette existence d'artiste, une des plus nobles, des plus admirables qui aient jamais été, une de celles qui mériteront le plus d'être étudiées. Il en sort une grande force d'exemple, elle enseigne l'inlassable énergie, la probité, la sincérité absolue, l'amour du travail. Elle a été usée littéralement, heure par heure, sans un répit. Manet n'a jamais connu d'autres récompenses que celles de sa conscience et de son effort devant la nature. Modéré, mais brave, il a été constamment prêt à affronter les préjugés. Refusé, accepté, refusé encore, il donna l'assaut avec un courage et une foi inlasssable, à un jury qui représentait la routine. Combattant devant son chevalet, il combattit encore devant le public, sans faiblir, sans transiger, seul, à l'écart même de ceux qu'il aimait et que son exemple avait formés. Ce grand peintre, un de ceux qui honoreront le plus véritablement l'âme française, eut le génie de créer à lui seul un impressionnisme qui lui restera personnel, après avoir témoigné de dons de premier ordre dans la tradition des maîtres du réel et du vrai. On ne peut le confondre ni avec Monet, ni avec Pissarro ou Renoir : sa compréhension de la lumière est spéciale, sa technique ne se conforme pas au système des taches colorées, elle observe la théorie des complémentaires et de la

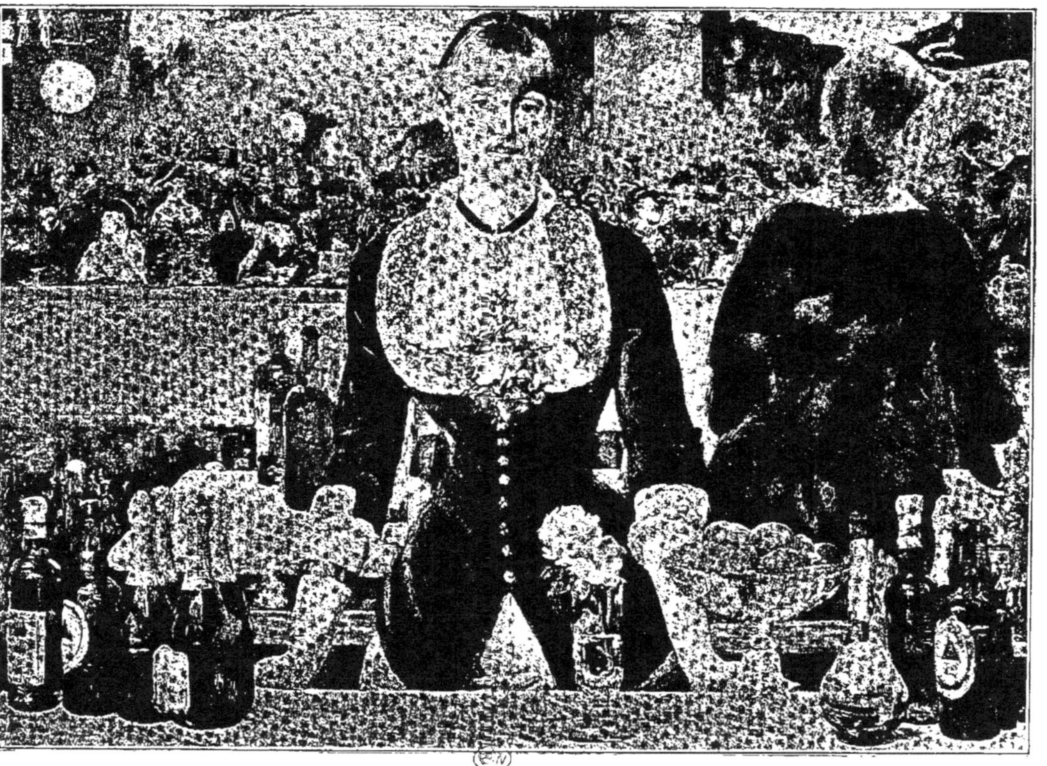

MANET. — Un Bar aux Folies-Bergère

(Collection de M. Pellerin, Paris).

division des tonalités sans se départir d'un style large,
d'une allure toute classique, d'une sûreté superbe.
Manet n'a pas été l'inventeur de l'impressionnisme,
qui coexistait auprès de son œuvre dès 1867, mais
il lui a rendu des services immenses, en assumant
toutes les colères adressées aux novateurs, en faisant
dans l'opinion publique une trouée où ses amis ont
passé derrière lui. Il est probable que sans lui tous ces
artistes fussent restés inconnus ou du moins sans influence, car tous étaient des délicats ayant horreur de la
polémique, résignés d'avance à être incompris. L'exemple magnifique de l'existence de lutte d'Édouard Manet
les a pour ainsi dire électrisés, et Manet eut la géné-
rosité robuste d'assumer les reproches non seulement
de son œuvre, mais de la leur. On doit considérer ses
vingt années de lutte ouverte, soutenues avec une abné-
gation digne de toute estime, comme un des phéno-
mènes les plus significatifs de l'histoire des artistes de
tous les temps.

Cette œuvre de Manet, si discutée, produite dans
de telles conditions de tourmente, apparaît avant tout
considérable par la puissance et la franchise. Dix ans
en développent la première manière, tragiquement
limitée par la guerre de 1870, treize années en développent la seconde évolution, parallèle aux efforts des
impressionnistes. Dans la période de 1860 à 1870,
c'est une référence logique à Hals et à Goya : de 1870
à 1883, le modernisme de l'artiste se complique de

l'étude de la lumière. Sa personnalité y est plus originale encore, mais on peut à bon droit considérer que
les plus admirables Manet sont peut-être ceux de sa
manière classique et plus sombre. Picturalement, il
eut les dons qui font la gloire des maîtres, un dessin
ample, vrai, large, un coloris d'une puissance saisissante, des noirs, des gris qu'on ne trouve chez personne depuis Velazquez et Goya, une connaissance
profonde des valeurs. Il a touché à tous les genres ;
portraits, paysages, marines, scènes de mœurs, natures-
mortes, nudités ont tour à tour sollicité son ardent
désir de création. Il eut de la vie contemporaine une
compréhension bien plus fine que le réalisme ne semble
l'admettre : il suffit de le comparer à Courbet pour
voir combien, en étant aussi vrai, aussi robuste, il fut
plus nerveux et plus intelligent. Ses toiles resteront des
documents de premier ordre sur la société, les mœurs,
les costumes du second Empire. Il n'eut pas le don
de la vie psychique : évidemment le *Christ aux Anges,*
le *Jésus insulté* ne sont que des morceaux de peinture
sans idéalité. C'était, comme les grands virtuoses hollandais, comme certains Italiens, un regard plutôt
qu'une âme. Mais pourtant le *Maximilien,* les dessins
pour le *Corbeau* de Poe, certaines esquisses montrent
qu'il eût pu réaliser de curieuses œuvres psychologiques, s'il n'avait été avant tout absorbé par la réalité
immédiate et par le désir de la belle peinture. Un beau
peintre, voilà ce qu'il fut avant tout, voilà le plus pur

de sa gloire, et il est presque incompréhensible que
les jurys de Salons ne l'aient pas compris. Ils s'indi-
gnèrent de ses sujets, et ils ne virent pas la qualité
toute classique de cette technique sans bitumes, sans
délayages, sans artifices, de ce coloris vibrant, de cette
pâte si riche, de ce dessin fougueux, si apte à exprimer le mouvement, la vérité des gestes de la vie, de
cette composition simple où deux ou trois valeurs sou-
tiennent tout le tableau, avec la franchise qu'on salue
en Rubens, en Jordaens ou en Hals.

Manet occupera dans l'école française une place considérable. Il est le peintre le plus original de la seconde
moitié du xixᵉ siècle, celui qui a vraiment créé un
grand mouvement. Son œuvre, dont la fécondité étonne,
est inégale. Qu'on se rappelle qu'outre la lutte incessante qu'il soutint, et dont bien des artistes seraient
morts, il eut à soutenir en lui-même deux crises graves.
Il remonta à un mouvement, puis s'en libéra, puis en
inventa un autre et recommença à apprendre la peinture à l'heure où tout autre eût continué sa manière
précédente. « Chaque fois que je peins, disait-il à
Mallarmé, je me jette à l'eau pour apprendre à nager. »
Il n'est pas étonnant qu'un tel homme ait été inégal,
et qu'on doive distinguer dans son œuvre les essais, les
exagérations dues à la recherche, les efforts faits pour
rejeter des préjugés dont nous ne sentons plus le poids.
Mais il serait injuste de dire que Manet n'a eu que le
mérite d'ouvrir des routes : on l'a dit pour l'amoindrir,

après avoir commencé par dire que ces routes menaient à l'absurde. Des œuvres comme le *Toréador*, *Rouvière*, *Mme Manet*, le *Déjeuner*, la *Musique aux Tuileries*, le *Bon Bock*, *Argenteuil*, le *Linge*, *En Bateau*, le *Bar*, restent d'admirables chefs-d'œuvre qui honoreront la peinture française, dont l'art spontané, vivant, clair et hardi de Manet est un produit direct et très représentatif.

Il restera donc une haute personnalité, ayant su dominer la conception assez grossière du réalisme, ayant influencé par son modernisme toute l'illustration actuelle, ayant rétabli une tradition saine et forte en face de l'académisme, et ayant non seulement créé une transition, mais marqué sa place dans la route nouvelle qu'il avait inaugurée. C'est à lui que l'impressionnisme doit d'exister : par sa ténacité il lui a permis de se produire et de vaincre l'opposition de l'École, par son œuvre il lui a donné de beaux exemples qui s'y juxtaposent sans s'y confondre, et où l'on trouvera nettement formulée la réunion des deux principes du réalisme (qu'on nommerait plus logiquement le *caractérisme*), et de l'impressionnisme technique où Monet, Renoir, Pissarro, Sisley et leurs successeurs devaient trouver la raison de leur effort. Par l'ensemble de ce qu'évoque son nom, Édouard Manet mérite certainement le nom d'homme de génie : génie incomplet certes, puisque la pensée en lui ne fut pas à la hauteur de la technique, puisqu'il ne saurait émouvoir comme

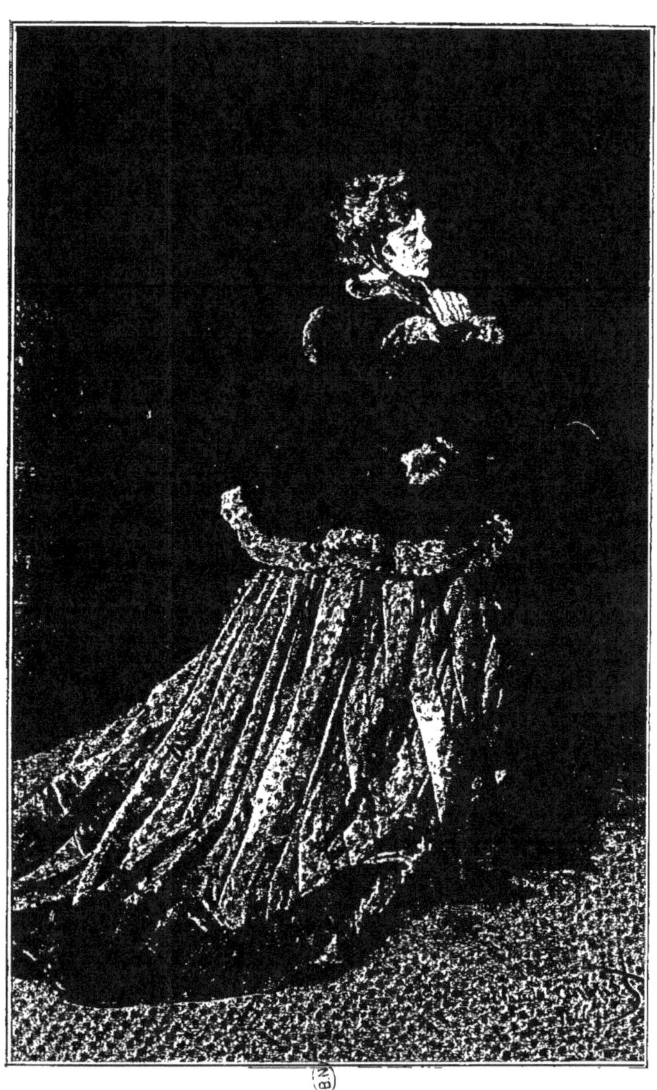

CLAUDE MONET. — Portrait de Mme M ..
(Collection de M. P. Cassirer, Berlin).

un Léonard ou un Rembrandt, mais génie quand même
par l'universalité de ses recherches, par la force magnifique de ses dons, par la continuité de son style, par
l'importance de son rôle, infusant du sang à une école
qui se mourait dans l'anémie de l'art conventionnel.
Quiconque verra une œuvre de Manet, même sans
connaître les conditions de sa vie, sentira qu'il y a là
quelque chose de grand, la griffe léonine que, dès 1861,
avait reconnue Delacroix, et que même, dit-on, le
grand Ingres avait saluée devant le jury qui examinait
avec répugnance le *Guitarrero*.

Aujourd'hui Manet est considéré comme une gloire
presque classique, et on a même marché si vite sous
son impulsion que bien des gens s'étonnent qu'il ait
été trouvé audacieux. La vision s'est transformée, les
querelles se sont éteintes, une élite nombreuse, fami-
lière de Monet et de Renoir, juge presque Manet comme
un initiateur dès longtemps dépassé. Il faut connaître son admirable vie, il faut bien savoir l'incroyable
inertie des Salons où il parut, pour lui restituer tout
son mérite. Et lorsqu'après l'acceptation de l'impressionnisme une réaction immanquable se produira, les
qualités de solidité, de vérité, de science de Manet apparaîtront de telle sorte qu'il survivra à beaucoup de ceux
auxquels il a ouvert la route et facilité le succès au
détriment du sien. On verra que Degas et lui ont,
plus que les autres, avec moins d'éclat apparent, réuni
les dons qui font les œuvres durables au milieu des

fluctuations de la mode, des caprices du goût et de la vision. Manet, au Louvre ou dans n'importe quel musée, peut supporter sans faiblir les plus écrasants voisinages, témoigner de ses avantages personnels, représenter dignement un temps qu'il aima.

On a écrit énormément sur lui, depuis la courageuse et intelligente brochure d'Émile Zola en 1865, jusqu'au récent ouvrage de M. Théodore Duret. Peu d'hommes ont provoqué autant de commentaires. En un admirable tableau, *Hommage à Manet*, le délicat et parfait peintre Fantin-Latour, un ami de la première heure, a groupé autour de l'artiste quelques-uns de ses admirateurs, Monet, Renoir, Zola, Bazille, Bracquemond. Le tableau est aujourd'hui en place d'honneur au musée du Luxembourg où Manet est insuffisamment représenté par l'*Olympia,* une étude de femme et le *Balcon.* Il serait à souhaiter qu'on réunît son œuvre lithographié, ses eaux-fortes, ses pastels, où il a témoigné d'une maîtrise variée, et qu'on recueillît ses portraits de contemporains célèbres, Zola, Rochefort, Desboutin, Proust, Mallarmé, Clémenceau, Guys, Faure, Baudelaire, Moore, d'autres encore, série admirable d'un visionnaire qui eut, dans une époque d'inquiétude et d'artifice, la sincérité rude, l'amour du vrai d'un Primitif. La santé, l'énergie de Manet ont, à une certaine heure, sauvé l'art français de la décadence : rien de plus salubre que son œuvre. Et cette œuvre en même temps est toute classique, au sens réel et beau

de ce terme. Elle est bien plus proche de celle d'Ingres
que de celle de Delacroix. L'impressionnisme et le réalisme moderne n'ont jamais cessé — le public l'ignore
— de révérer l'idéal d'Ingres, non dans ses pastiches
de Raphaël mais dans ses portraits et ses dessins : ils
ont bien plus de sympathie pour ce style caractériste
et français que pour le romantisme qui, après Delacroix, est vite tombé dans la poncivité. Ainsi nos
jeunes poètes symbolistes sont plus près de Racine que
de Hugo, plus près de la musique de l'un que de l'éloquence de l'autre. Ce classicisme, que l'École académique ne soupçonne guère, il éclate dans l'œuvre de
Manet, et la vraie grandeur de ce révolutionnaire est
d'y être revenu sous une forme originale.

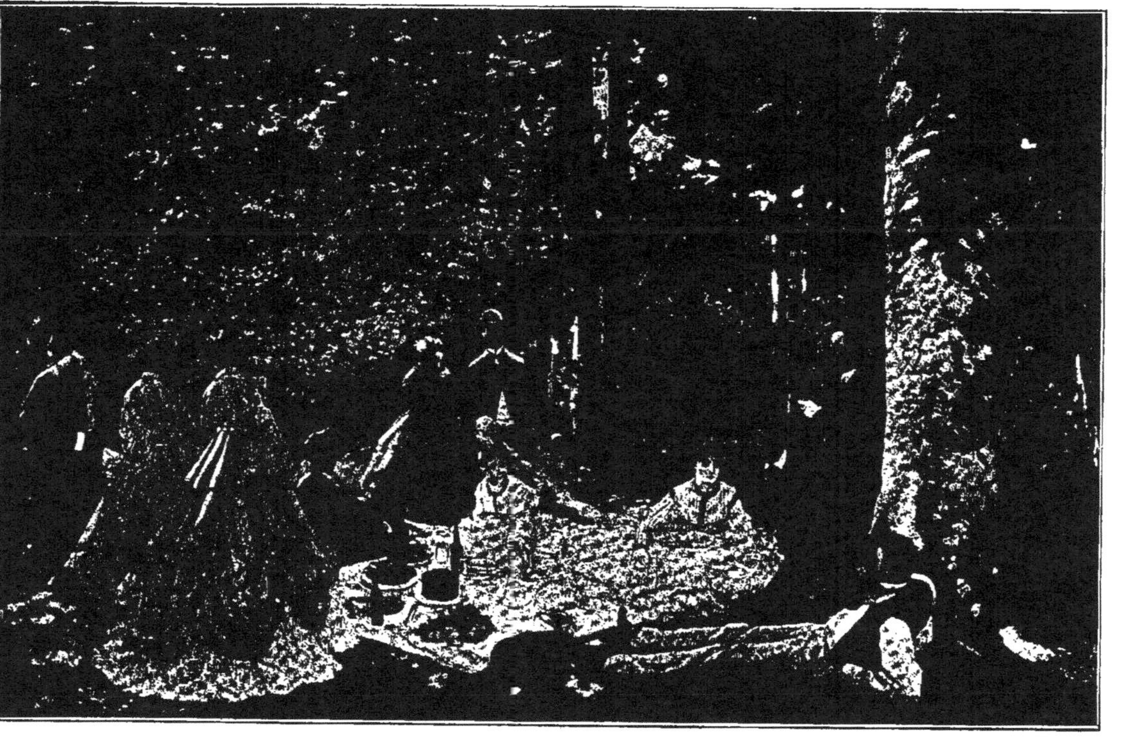

CLAUDE MONET. — Le Déjeuner sur l'herbe
(Collection de M. Cassirer, Berlin).

IV

CLAUDE MONET ET SON ŒUVRE
(1840)

IV

Avec Claude Monet(1), nous aborderons l'impressionnisme dans sa plus significative expression technique, nous toucherons aux principaux points énoncés dans le second chapitre de cet ouvrage.

Claude Monet, issu de Claude Lorrain, de Turner, de Monticelli, aura eu le mérite et l'originalité d'ouvrir à la peinture du paysage une route nouvelle, en tirant de l'étude des lois de la lumière des constatations scientifiques. Son œuvre est une magnifique vérification des découvertes faites en optique par Helmholtz et par Chevreul. Elle est née spontanément de la vision de l'artiste, et elle se trouve être une démonstration rigoureuse de principes que le peintre ne s'est probablement jamais soucié de connaître. Par la puissance de ses facultés, l'artiste s'est trouvé rejoindre la science. Son œuvre est donc, non seulement la base elle-même du mouvement impressionniste proprement dit, mais encore de tout ce qui l'a suivi et le suivra dans l'étude des lois dites chromatiques : elle servira à donner pour ainsi dire une nécessité mathématique aux

(1) Né à Paris, le 14 novembre 1840.

trouvailles heureuses que jusqu'alors les artistes rencontraient, et elle servira aussi à doter l'art décoratif, l'art de la peinture murale, d'un procédé dont les applications seront multiples et superbes.

Nous avons résumé les idées qui ressortent de la peinture de Claude Monet, plus nettement encore que de celle de Manet. Suppression du ton local, étude des reflets par les couleurs complémentaires, division des tonalités par le procédé des taches de couleurs pures juxtaposées, voilà les essentiels principes du *chromatisme* (car ce serait le vrai mot au lieu du terme si vague d'impressionnisme). Claude Monet les a appliqués sytématiquement, avant tout au paysage.

On connaît de lui quelques portraits qui montrent qu'ils eût été un peintre de figures admirable si le paysage ne l'avait absorbé tout entier. Au Salon de 1866 il exposa ce grand portrait de femme en pied, avec une jaquette fourrée et une robe de satin à rayures vertes et noires, qu'on a revu chez Durand-Ruel et que j'ai dit plus haut avoir été pris pour un Manet par les amis de ce dernier qui l'en complimentèrent au vernissage. L'œuvre à elle seule est faite pour sauver de l'oubli l'homme que l'a peinte. Mais l'étude de la lumière sur les figures a été surtout la préoccupation de Manet, de Renoir, de Pissarro et, après l'impressionnisme proprement dit, de M. Besnard, qui a originalement concentré les qualités impressionnistes en les mettant au service d'une conception très personnelle de

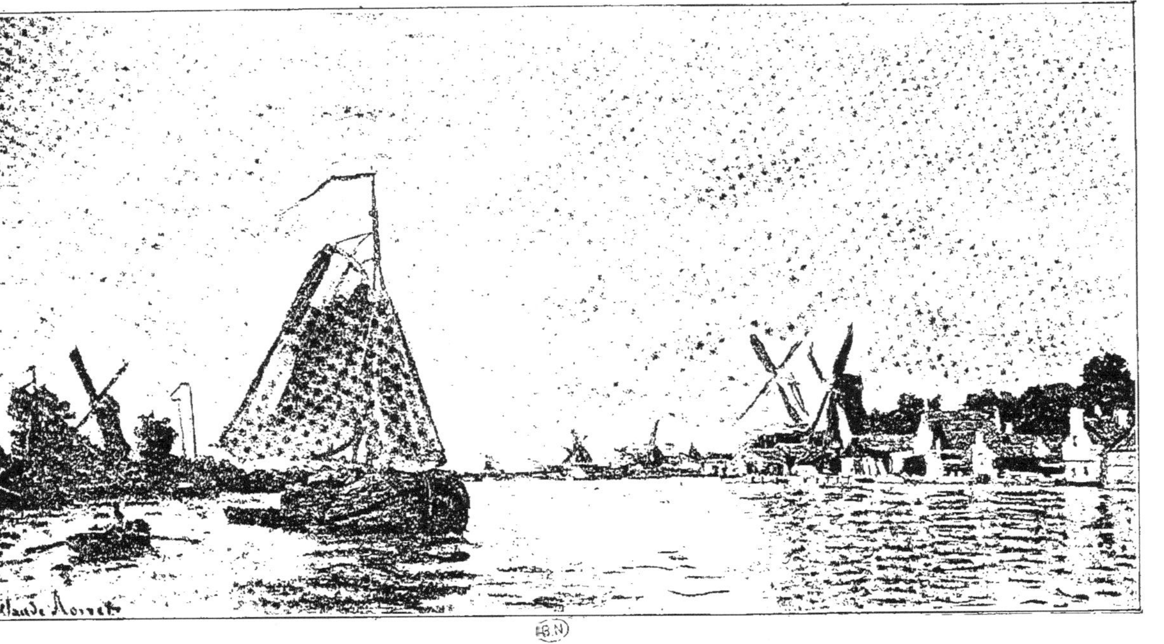

CLAUDE MONET. — Canal en Hollande

(Collection de M. Decap, Paris).

l'art symbolique. Monet commença par chercher sa
voie en peignant des figures, puis des marines, avec
une robustesse un peu sombre, un dessin large, des
gammes grises. Au Havre il connut Eugène Boudin ;
il a raconté lui-même comment il l'avait rencontré
dans un petit magasin où Monet exposait des caricatures de Havrais, et où l'on montrait les petites toiles
de Boudin que personne n'appréciait et auxquelles le
jeune homme ne comprenait pas grand'chose. Boudin lui dessilla les yeux sur lui-même et sur la peinture. Monet connut ensuite Jongkind, et ce maître lui
donna de précieux conseils. Près d'être réduit à la
misère, peintre malgré sa famille selon le rite classique, Monet eut la chance de rencontrer en Durand-
Ruel un protecteur et un acheteur : désormais sa vie
artistique allait s'ouvrir. Dès 1865 il fit ses premiers
essais de plein air, et en 1870 il était tout à fait lui-
même.

Claude Monet a été tellement séduit par l'analyse des
lois de la lumière qu'il a fait de la lumière le sujet véritable de tout tableau ; et pour bien montrer son
intention, il a peint un même site par séries de toiles
exécutées, sur nature, à toutes les heures de la jour-
née. C'est de ce principe que sont résultées les grandes divisions de son œuvre, qui pourrait s'intituler
« Enquête sur les variations de la lumière solaire ».
Les plus célèbres de ces séries sont les *Meules*, les *Peupliers*, les *Falaises d'Étretat*, le *Golfe-Juan*, *Belle-Isle*,

les *Coins de rivière*, les *Cathédrales*, les *Nymphéas* et enfin la série sur *la Tamise*.

Ce sont comme de grands poèmes, et là encore le réalisme, la contemplation minutieuse de la réalité, touche à l'idéalisme et au rêve lyrique par la splendeur du thème choisi, par l'orchestration des frissons de la clarté, par le parti pris symphonique des couleurs.

Ces séries, Monet les peint sur nature. Il emporte dans une voiture, dit-on, une vingtaine de toiles depuis l'aube, et d'heure en heure il les change, et les reprend le lendemain. Sur une meule, de neuf heures à dix heures il note les effets les plus subtils de la lumière solaire : à dix heures il s'installe devant une autre toile et recommence l'étude jusqu'à onze heures. Il suit ainsi, pas à pas, jusqu'à la chute du jour, les modifications de l'atmosphère, et il termine simultanément les œuvres de toute la série.

Il a peint vingt fois une meule dans un champ, et les vingt meules sont différentes. Il les expose ensemble, on peut suivre sous la magie de son pinceau, l'histoire de la clarté se jouant sur un même objet. C'est un éblouissant déroulement d'atomes lumineux, une sorte d'évocation panthéistique. La lumière est bien le personnage essentiel : elle dévore les contours des objets, elle est jetée comme un voile translucide entre nos yeux et la matière. On y voit frémir les ondes du spectre solaire, dessinées par l'arabesque des taches des sept couleurs du prisme, juxtaposées avec

une subtilité infinie, et ce frémissement est celui même
de la chaleur, de la vitalité atmosphérique. Les silhouettes s'unissent au ciel, les ombres sont des lumières où dominent certains tons, le bleu, le violet, le
vert, l'orangé, et c'est la quantité proportionnelle des
taches qui différencie à nos yeux ces ombres de ce que
nous appelons les lumières, comme cela se passe en
réalité dans l'optique. Il y a des midis de Claude
Monet où toute silhouette matérielle, arbre, meule ou
rocher, est annihilée, volatilisée dans l'ardente vibration des poussières lumineuses, et devant lesquels on
est vraiment aveuglé comme dans la nature elle-même :
parfois même il n'y a plus d'ombres, plus rien qui
puisse servir à indiquer les valeurs, à créer des con-
trastes de couleurs. Tout est clair, et le peintre semble
vaincre avec aisance ces terribles difficultés de clartés
sur clartés, grâce à un don de finesse prodigieuse de
son regard.

En général un motif très simple lui suffit, une meule,
quelques troncs grêles s'élevant au ciel, un bouquet
d'arbustes. Mais il s'affirme aussi dessinateur puissant
lorsqu'il aborde des thèmes plus complexes. Nul
comme lui ne sait ériger un rocher dans les vagues tu-
multueuses, faire comprendre l'énorme ossature d'une
falaise remplissant toute la toile, étager un village sur
une colline dominant une rivière, donner la sensation
d'un bouquet de pins tordus par le vent, jeter un pont
sur un fleuve, exprimer la massivité du sol gisant sous

le soleil de l'été. Tout cela est construit avec ampleur, justesse et force, sous la symphonie délicieuse ou ardente des atomes lumineux. Les tons les plus imprévus se jouent dans les feuillages : de près, on s'étonne de les voir zébrés de hachures orangées, rouges, bleues, jaunes, et à distance la fraîcheur des frondaisons vertes apparaît, évoquée avec une infaillible vérité.

L'œil recompose ce que le pinceau a dissocié, et l'on s'aperçoit avec stupeur de toute la science, de tout l'ordre secret qui a présidé à cet amoncellement de taches, qui semblaient projetées en une pluie furieuse. C'est une véritable musique d'orchestre où chaque couleur est un instrument au rôle distinct, et dont les heures, avec leurs teintes diverses, représentent les thèmes successifs. Monet reste l'égal des plus grands paysagistes dans la compréhension du caractère propre de chaque sol étudié, ce qui est la suprême qualité de son art. Bien qu'avant tout épris de soleil, il a jugé inutile d'aller en chercher l'intensité exaspérée au Maroc ou en Algérie. La Bretagne, la Hollande, l'Ile de France, la côte d'Azur, l'Angleterre lui ont été des sources suffisantes d'inspiration pour ses symphonies, allant d'un bout à l'autre de la gamme des couleurs perceptibles. Il a exprimé par exemple la mollesse suave et vaporeuse de la Méditerranée, la flore luxuriante des jardins de Cannes et d'Antibes, avec une vérité, une psychologie de la terre et de l'eau, qu'on ne peut apprécier pleinement qu'en vivant dans ces

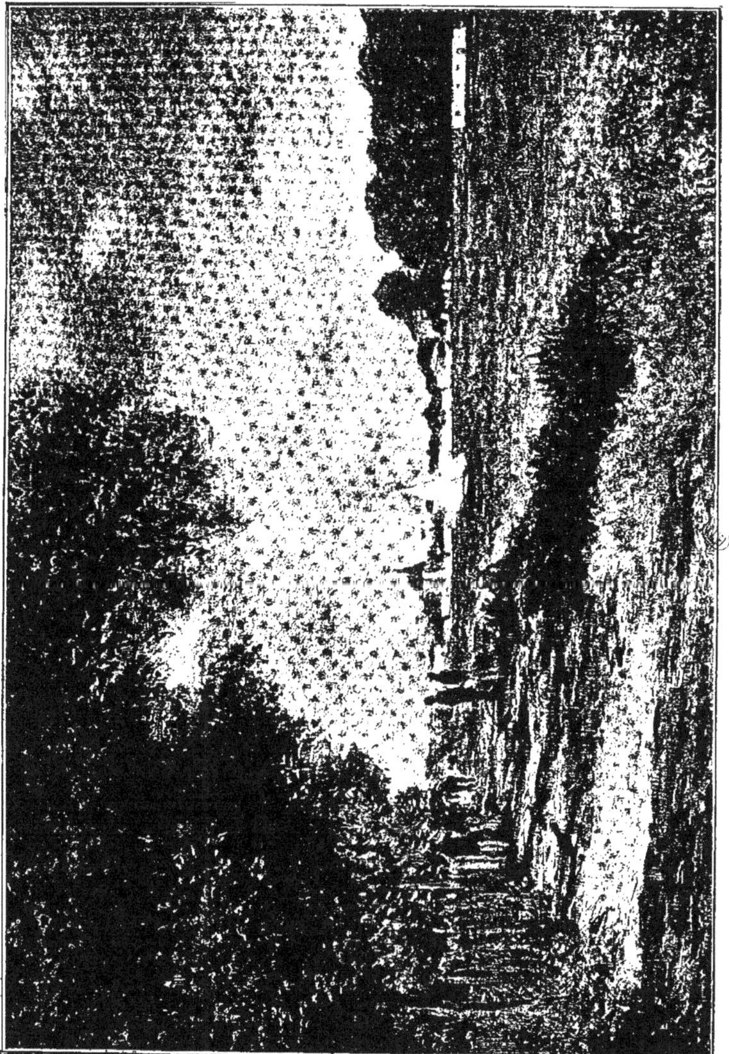

CLAUDE MONET. — ARGENTEUIL.

contrées enchantées. Cela ne l'a pas empêché de comprendre comme personne la sauvagerie, l'âpreté grandiose des rochers de Belle-Isle-en-Mer, de les exprimer en des toiles où réellement on sent le vent, l'embrun salé, le rugissement des lourdes eaux brisées sur l'impassibilité des granits. Sa récente série des *Nymphéas* disait tout le charme mélancolique et frais des bassins calmes, des douces pièces d'eau encombrées de roseaux et de calices. Il a peint des sousbois à l'automne où se jouent les plus subtiles nuances du bronze et de l'or, des chrysanthèmes, des faisans, des toits au crépuscule, des tournesols éblouissants, des jardins, des champs de tulipes en Hollande, des femmes en blancs dans des vergers, des bouquets, des effets de neige et de givre d'une douceur exquise, des bateaux à voiles passant dans le soleil.

Il a peint les bords de la Seine qui sont des merveilles d'évocation, et sur tout cela il a promené sa vision splendide de grand coloriste amoureux et radieux. Les *Cathédrales* vont plus loin encore dans le tour de force de son talent. Ce sont dix-sept études de la cathédrale de Rouen, dont les tours emplissent les tableaux : à peine si, au bas des toiles, se montre un peu d'espace, un coin de place au pied des énormes fûts de pierre qui montent jusqu'en haut du cadre. Là, plus de ressources, plus d'eaux changeantes ou de verdures propres à faire jouer les reflets : la pierre grise, usée par le temps, noircie par les siècles, est dix-sept fois le thème monochrome et ingrat sur lequel va s'exercer la vision du peintre. Mais Monet trouve moyen de faire briller sur cette pierre les plus éblouissantes harmonies atmosphériques ; pâle et rose à l'aube, violacée à midi, embrasée le soir par l'ardeur du couchant, détachée sur la pourpre et l'or, à peine distincte dans le brouillard, la colossale construction s'impose aux yeux, reconstituée avec ses mille détails de ciselure architecturale, dessinée sans minutie mais avec une sûreté superbe, et ces toiles atteignent à la tonalité composite, hardie et riche des tapis d'Orient.

Monet excelle aussi à faire sentir le *dessin de la lumière*, si l'on peut oser cette expression. Il fait comprendre le mouvement des vibrations de la chaleur, le mouvement des ondes lumineuses, il sait aussi peindre la sensation du grand vent. « Devant une toile de Monet, disait Mme Morisot, je sais toujours de quel côté incliner mon ombrelle. »

Monet est encore un incomparable peintre de l'eau : étang, rivière ou mer, il en différencie les colorations, les consistances, les méandres, il en fixe la vie fugace. C'est un homme qui est intuitif, à un degré exceptionnel, de la composition intime des matières, eau, terre, pierre ou air, et cette intuition lui tient lieu d'intellectualité dans son art. C'est, par excellence, *le peintre*, l'homme né pour peindre, et il atteint à une sorte de grande poésie lyrique inconsciente par cette force de pénétration des secrets de la matière et de la lumière.

Il transpose la vérité immédiate de notre vision et l'élève
à la grandeur décorative. Si Manet est le réaliste romantique de l'impressionnisme, si Degas en est le psychologue, Claude Monet en est le lyrique panthéiste.

Son œuvre est immense. Il produit avec une étonnante rapidité, et c'est encore une des caractéristiques
des grands peintres qui lui revient, celle d'avoir touché
à tous les genres. Les récentes études de la *Tamise*
sont, au déclin de sa fougueuse maturité, aussi belles
et aussi spontanées que les *Meules* d'il y a dix-sept ans.
Ce sont des visions de brumes féeriques où brillent des
glacis d'argent et d'or dans des vapeurs roses, d'une
vérité saisissante ; et en même temps Monet rejoint en
cette série les paysages de rêve de Turner, les amon-
cellements de pierreries de Monticelli. Interprétée
ainsi, avec cette intense faculté de synthèse, la nature,
simplifiée dans le détail et contemplée dans ses grandes
lignes, devient véritablement un rêve vivant.

Depuis les *Meules,* on peut dire que l'œuvre de
Claude Monet est glorieuse : elle a été consacrée dans
l'amour admiratif des connaisseurs le jour où Monet a
fait avec Rodin une exposition restée célèbre dans les
annales de l'art moderne. Cependant aucune distinction
officielle n'est intervenue pour reconnaître un des plus
grands artistes du xixe siècle français. L'influence de
Monet a été énorme dans toute l'Europe et en Amérique :
le *procédé de la tache* (gardons-lui ce nom rudimen-
taire, qui est devenu courant), a été adopté par une

foule de peintres. Nous en dirons quelques mots en conclusion de cet ouvrage. Mais il sied de terminer cette trop brève étude en précisant que le plus lyrique des impressionnistes en a été aussi le théoricien par excellence : son œuvre relie la peinture de chevalet à la peinture murale. On n'a pas trouvé un ministre des beaux-arts qui, surmontant l'opposition systématique des peintres officiels, commandât à Monet de grandes compositions murales, auxquelles son procédé se fût admirablement adapté. Il a fallu de longues années pour que de tels travaux fussent confiés à Besnard, qui a doté Paris, avec Puvis de Chavannes, de ses plus belles décorations modernes : mais Besnard a procédé directement des harmonies de Claude Monet. Le principe de la division des tonalités et de l'étude des couleurs complémentaires restera l'un des plus féconds, l'un des plus révélateurs, probablement celui qui précisera le plus nettement l'originalité de la peinture à venir. Il suffit à un homme de l'avoir trouvé pour acquérir une gloire durable. Et sans vouloir remettre en question l'antagonisme du réalisme et de l'idéalisme, termes qui ne signifient rien d'exact, on peut bien dire qu'un peintre qui invente un procédé et témoigne d'une telle puissance est hautement *intellectuel*, doué de l'intelligence picturale ; quels que soient les sujets qu'il traite, il crée une émotion esthétique équivalente, sinon semblable, à celles qu'engendra le symbolisme le plus complexe. Dans l'amour ardent de la nature

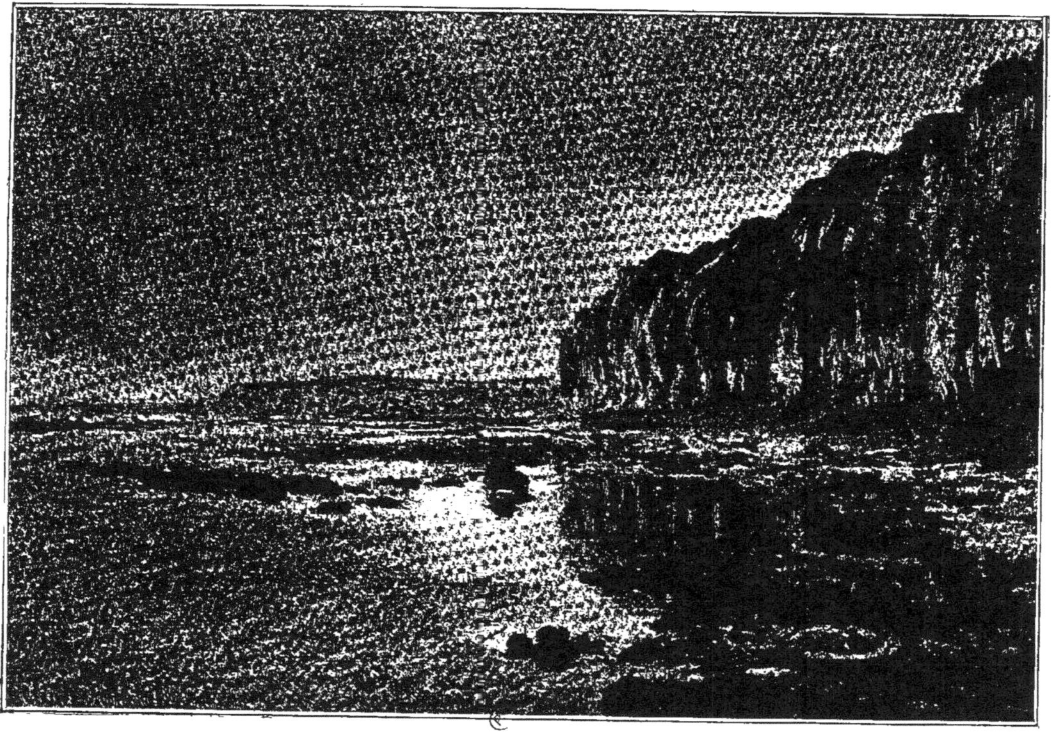

CLAUDE MONET. — FALAISES A POURVILLE.

Monet a trouvé la grandeur : il suggère les secrets en
restituant les évidences. C'est la loi commune à tous
les arts, et sans elle rien n'est conforme à l'art essentiel. La vision de la nature par Claude Monet est une
opération psychologique, une transposition absolue,
une synthèse. Il présentera à l'avenir non seulement
un des plus beaux types de grands coloristes qui aient
jamais existé dans l'histoire de la peinture du paysage,
mais encore le curieux exemple d'un sensitif qui, par
l'observation intense de la lumière, est parvenu à
donner des impressions presque musicales. La fusion
des arts est une grande et admirable promesse des arts
à venir : personne, au degré de Monet, n'a montré en
ce temps les similitudes de la peinture et de la symphonie. Il est le personnage essentiel de l'impressionnisme technique, et il montre à quel point l'impressionnisme considéré comme groupement a été libre et
divers : est-il possible de voir un homme plus éloigné
de l'originel réalisme de sa génération ? Du réalisme
caractérisé de Manet aux *Cathédrales*, il y a toutes les
gammes de la peinture, tout le parcours de la vérité
scrupuleuse au rêve lyrique : et pourtant Claude Monet
est un visionnaire exact, envisageant la nature avec
une intense volonté, ne s'en écartant jamais et luttant
avec elle d'heure en heure. Mais comme Claude Lorrain,
comme Turner, comme Monticelli, qui étudièrent si
sincèrement la réalité, Monet l'a magnifiée dans son
esprit, il l'a élevée à la synthèse décorative, il l'a am-

plifiée jusqu'à faire jaillir de la nature, telle que nous pensions l'avoir vue, des émotions et des féeries insoupçonnées, par la magie de son art de joie et de force.

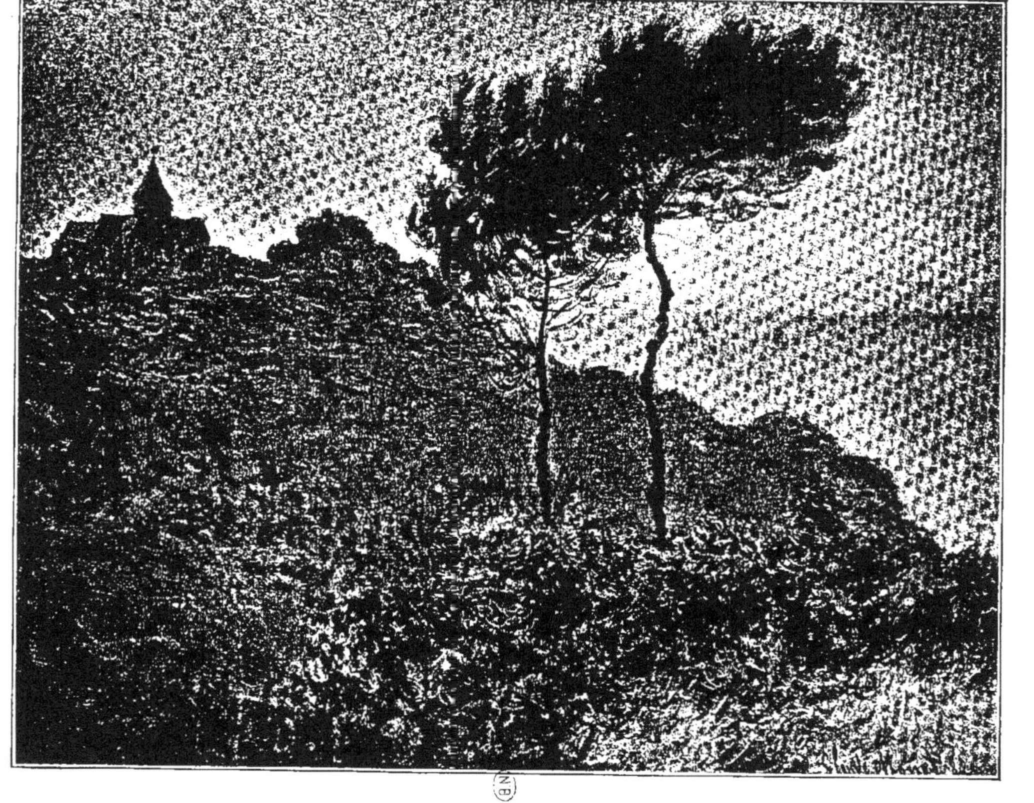

CLAUDE MONET — L'ÉGLISE DE VARENGEVILLE

(Collection de M. Samuel Untermeyer, New-York).

V

EDGAR DEGAS ET SON OEUVRE
(1834)

V

Des deux recherches capitales qui passionnèrent
l'impressionnisme, l'étude de l'atmosphère et l'étude
du caractère de la vie moderne, la seconde seule a sollicité M. Degas. Peintre, né avec la perception des plus
subtiles variations de la couleur, il l'a inféodée constamment à l'analyse psychologique. Issu d'une génération qui fit un immense effort littéraire vers la vérité,
il y a trouvé des émules, mais non son maître. Les
plus fortes analyses de Flaubert et des Goncourt ne
dépassent pas la puissance expressive de son dessin.
Il y a en lui les facultés du biologiste, du psychologue
au plus haut degré. Esprit raffiné, caustique, triste,
trouvant une joie amère dans l'implacable constatation
du vrai, il a aimé la vie sans illusion, parce que là se
satisfaisait sa passion d'observer. Rien de caricatural,
de lyrique, de pamphlétaire dans cette intelligence : la
vision impartiale, froide, claire, de ce qui est, avec
une mesure absolue, une impassibilité presque effrayante,
auprès de laquelle l'ironie de Thomas Graindorge
semble prendre parti avec une véhémente indignation.
L'art de M. Degas est abstrait : c'est un diagnostic qu'un

de ses tableaux. Il en résulte une émotion intellectuelle
que lui seul peut-être donnera. L'homme, digne de
toute estime pour la noble intégrité de sa vie, son
insouci de la gloire, son labeur et sa discrète fierté,
passe pour morose et redoutable : on le dit misanthrope,
et jamais un de ses mots ne manqua la cible de mépris
où il clouait quelque vanité contemporaine. Mais aussi
ne cite-t-on aucun mot de M. Degas qui soit injuste —
les injustes ne sont pas de lui. En réalité, on ne sait
pas quelle délicatesse froissée s'abrite derrière cette
ironie.

M. Degas a énormément produit. Une étude sur lui
est de la plus grande difficulté : il y faudrait presque
son intelligence, et personne ne la possède. C'est pour
la clarté de ce court morceau que nous nous résigne-
rons à spécifier quelques phases dans l'évolution de ce
grand créateur que le public connaît mal, et qui ne
sera mis à son vrai rang que plus tard. M. Degas a
commencé par montrer un certain nombre de peintures,
d'un style absolument sobre, des têtes, des figures isolées,
comme la *Mendiante* (chez Durand-Ruel), ou la tête
extraordinaire que possède de lui miss Mary Cassatt.
Études en gris et noir, d'un caractère sévère, d'une
aridité de primitif : c'était l'époque où le peintre était
l'ami de Gustave Moreau, et communiait avec lui dans
l'admiration de l'école lombarde. Là déjà se prouve une
maîtrise du dessin, un classicisme absolu, mais aussi
une insensibilité étrange qu'atteste plus encore le

Bureau d'un magasin de colons à la Nouvelle-Orléans, où la perfection des vêtements noirs, des cotons blancs, des boiseries grises et de leurs jeux de couleur, n'a d'égale que l'insignifiance du sujet. De cette époque datent aussi d'admirables copies de Ghirlandajo. Toute la lente préparation de M. Degas à l'expression de la vie moderne témoigne d'un travail acharné, d'une méthode rigoureuse, excluant la spontanéité de la jeunesse, et beaucoup de ses œuvres récentes semblent plus jeunes, plus instinctives que ces premiers tableaux, où le dessin a la sécheresse d'un document.

Au contraire des impressionnistes, qui s'enivrèrent de la lumière changeante, s'installèrent en pleine nature avec la joie d'écoliers en vacances et improvisèrent délicieusement tout un art, M. Degas, patient, défiant de soi, n'en vint que par degrés à l'art qu'il sentait lui convenir. La série des scènes de courses fut le prélude de son art véritablement individuel. On y trouve une curieuse alliance de ses qualités foncières avec une tendresse spéciale dans l'interprétation du paysage : les chevaux, les jockeys, sont traités avec une science magistrale du dessin, et du dessin cherché dans l'analyse minutieuse du mouvement, dans la notation de l'instantanéité. La répartition des groupes dans l'espace, leur présentation, leurs distances, sont d'un tact et d'une intuition qui révèlent déjà chez M. Degas les deux qualités les plus hautes, la science des valeurs et l'entente de la composition rythmique. Il y a là des notations d'une subtilité rare dans les robes lustrées des chevaux, les casaques bariolées, les blancs ou les bleus d'une qualité si fine, un don de la vie et du geste vrai, un sens aigu de l'élégance animale. Mais le paysage surprend par sa coloration adoucie : ciels de perle, laiteux et diffus, dans la neutralité chaleureuse des atmosphères de belles journées, horizons imprécis, vastes pelouses d'une verdeur discrète, tout se présente avec une simplicité, une clarté harmonieuse où les silhouettes sont baignées. Le faire de ces petits tableaux de courses est à la fois minutieux jusqu'à évoquer les Hollandais et large, gardant la désinvolture et la saveur d'esquisse d'une vision rapide à qui rien n'a pourtant échappé. L'agrément vif des attitudes surprises, des raccourcis, des strapassements, se tempère par la sérénité de l'enveloppe aérienne ; cela est osé et mesuré, véridique, décoratif et charmant, traité par tons entiers, sans éclats inutiles. Rien, dans ces œuvres, n'eût pu mécontenter même le plus académique des peintres, hormis deux principes qui s'y affirmaient nettement : l'amour du plein air et l'étude de son influence sur le ton local, et le désir de trouver, par l'expression du caractère de la vie moderne, un dispositif spécial de la composition, une mise en cadre inattendue.

C'en fut assez pour désigner M. Degas à la réprobation des jurys, dont il se soucia peu, d'ailleurs. Ses sympathies, tout à fait distinctes de ses intentions per-

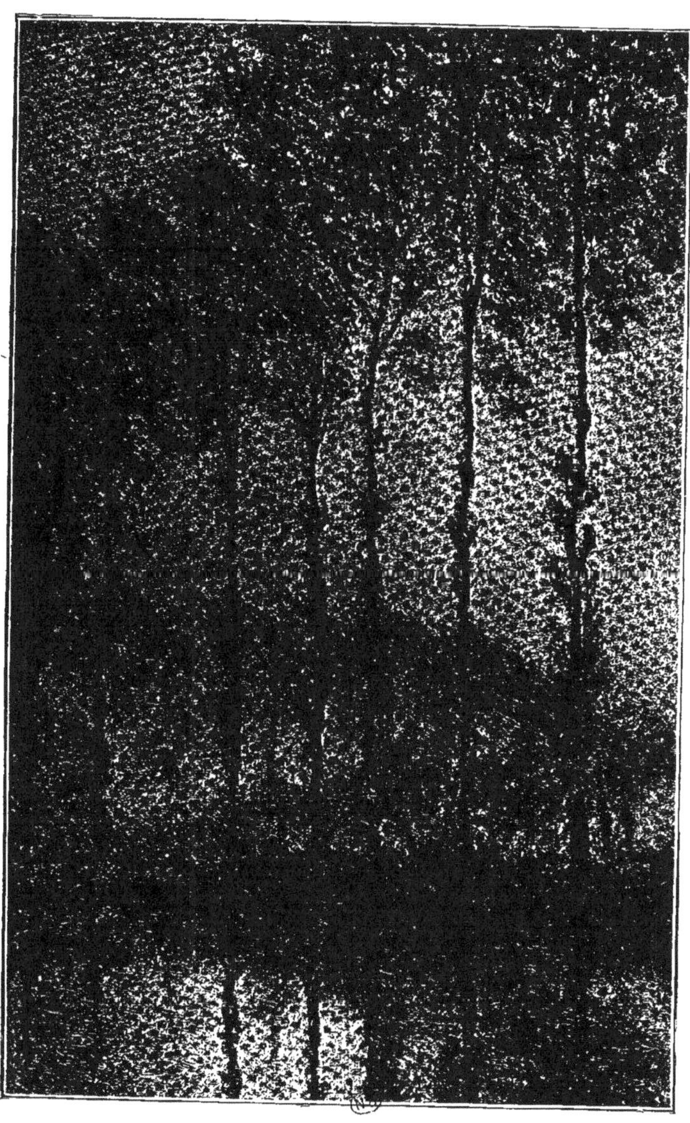

CLAUDE MONET. — Peupliers au bord de l'Epte
(Collection de M. Durand-Ruel, Paris).

sonnelles, le portèrent, comme M. Fantin-Latour et comme Whistler, vers Manet et ses amis, parce que c'étaient des indépendants, des oseurs, des calomniés, et qu'ils étaient résolus à définir la beauté caractéristique de leur temps, au lieu de la désavouer au profit d'une esthétique transmise par l'école. M. Degas partagea la mauvaise, puis la bonne fortune de ses amis devant l'opinion, et ses amitiés restèrent intactes. Mais son génie n'emprunta presque rien au leur dans le domaine des recherches chromatiques, sinon dans quelques paysages, et l'on peut dire que, dans le domaine du dessin expressif et de la composition, il a été leur maître à tous, avec Manet; encore son œuvre, développée longtemps après celle de ce grand initiateur, en a-t-elle dépassé les glorieuses prémisses pour devenir pleinement originale et, par certains côtés, inimitable. La vie publique de M. Degas fut, comme celle de tous ses amis d'ailleurs, vide de faits. Ces artistes longtemps réprouvés n'ont pas plus d'histoire que les peuples heureux : ils ont peint, ont été bafoués, puis tolérés, puis comblés d'éloges, et c'est à peu près tout ce qu'on dira d'eux. Né le 19 juillet 1834, M. Degas s'abstint des Salons. Après un voyage en Amérique, il participa aux premières expositions privées que les impressionnistes organisèrent, notamment rue Le Peletier, puis se retira tout à fait : il n'avait ni le goût du rôle de chef d'école, ni le tempérament combatif de Manet. Sceptique à l'égard du bien-fondé de la critique,

amoureux de la retraite, indifférent à la gloire qui,
d'œuvre en œuvre, rehaussait son nom dans la pensée
d'une élite, il céda ses toiles à des particuliers ou à des
marchands. Soucieux avant tout d'indépendance et de
solitude, il s'isola. Les musées étrangers, les plus re-
nommées collections européennes s'enorgueillissent de
ses œuvres, et l'adoption du legs Caillebotte en a intro-
duit sept au Luxembourg. Son influence est immense;
et on a très peu écrit sur lui ; son renoncement hautain
n'a guère donné plus de prise à l'éloge maladroit qu'à
la médisance, et il est, à la fois célèbre et mystérieux,
l'un de ceux dont on a pu dire « qu'ils travaillaient
pour les musées sans qu'on en sût rien ».

Les tableaux de courses montraient déjà en M. Degas l'évolution de sa froideur primitive vers une notation plus émue de la vie, de son impeccabilité austère
vers une science aussi complète, mais moins rigoureuse, plus sensible à l'ambiance. La révélation de la
série des danseuses marqua la pleine maturité de son
esprit et de son savoir.

Ce sont là des œuvres qui atteignent à la profonde
beauté par les qualités picturales, et à la profonde vérité par les qualités psychologiques : beauté et vérité
qui font penser, qui ont la cruelle attirance du réel
pour les natures sincères. Ici, rien de factice, rien de
mensongèrement idéalisé ; qui n'a pas senti le charme
haut et triste de constater le vrai n'aimera pas cette
peinture. La danseuse est là, véridique. Fille du peu-

ple, destinée à figurer anonymement dans des foules
pour réjouir les yeux du public, elle est là dans la nudité
de son âme et la vulgarité de sa chair, définie par un
impitoyable analyste, qui note ses mains lourdes, ses
grosses jambes, ses clavicules saillantes, sa gorge basse,
son masque canaille, sa chlorose, son effronterie, sa
bouche mal meublée d'où l'on entendrait presque sortir
la voix éraillée et faubourienne, toute son anatomie
souffreteuse d'être mal nourri, son expression cynique,
gouailleuse ou soudainement et sournoisement sou-
mise au régisseur, qui dispense les amendes et capo-
ralise rudement parmi ce petit monde plébéien, vicieux
et anémique. Ce n'est pas la danseuse-étoile, fulgu-
rante, reine du luxe et de la mode, que peint l'artiste
penché sur la tristesse caractérisée du plaisir moderne ;
c'est le *rat*, le ballet des « petits pieds sales », le ba-
taillon sans gloire qui fait masse contre le décor. Le
peintre, ironique et impartial, étudie ces êtres tels que
les montre le jour blafard des grandes salles de répétitions, baignées de la froide clarté des vitrages. Il les
montre avec leurs chaussons, leurs jupons, travaillant
devant le régisseur qui, en pantoufles, le mouchoir
pendant à la poche, rythme du frappement de sa grosse
canne leurs exercices pénibles, leurs torsions, leurs
assouplissements. Tout est dit avec une exactitude féro·
cement spirituelle, le contraste de la fausse grâce des
poses apprises et de la réelle laideur des êtres et du lieu
se décèle avec une sarcastique amertume, et pourtant

rien n'est caricatural. La satire est incluse dans l'expression du vrai. Mais cet être simiesque, qu'on trouve ici perché sur un piano, là se mirant ou rattachant sa chaussure, là s'ennuyant sur un banc dans un corridor auprès d'une de ces Madame Cardinal que le génie incisif de M. Degas a peintes avec un humour incomparable, cet être laid, chez qui pourtant il a noté sans injustice tel mouvement gracieux, tel détail de chair jeune ou telle inflexion jolie de l'âge ingrat, cet être chrysalide dont le public ne connaît que le papillon voletant le soir sous la lumière, il nous le montre transfiguré ; quelques clinquants et paillons, un ruban, une fleur, l'irradiement électrique, le feu de Bengale d'une apothéose d'opéra, la chaleur, l'émotion vaniteuse, l'espoir de plaire, l'offre de tout soi-même, et voici la transformation, le triomphe de la facticité, l'éblouissement des gazes, l'éclair des dents, le rose des lèvres, la volupté promise par l'envol des bras ouverts, le vertige de l'orchestre en tempête éparpillant les danseuses sur la scene comme des fleurs de pêcher dans un coup de vent ! Les verdures peintes sont fleuries de ces calices blancs et roses, l'illusion de la féerie efface les laideurs du vrai jour.

L'étude seule des œuvres peut faire mesurer tout ce que M. Degas a mis d'esprit, de psychologie, de science dans cette série extraordinaire. Presque toutes ces toiles sont des chefs-d'œuvre de peinture : la qualité savoureuse des blancs, la finesse des lumières, la

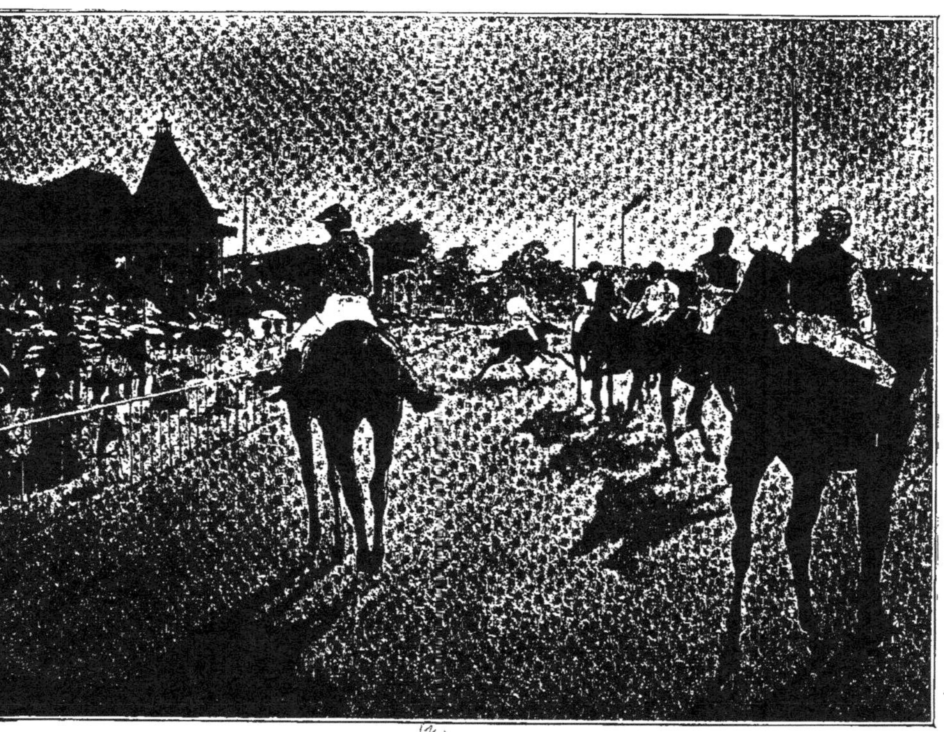

DEGAS. — LE DÉFILÉ.

légèreté des ombres, la composition sont d'une indéniable maîtrise. Jamais on n'avait conçu de cette manière la disposition des groupements, leur enchaîne-
ment décoratif, leur rythme, l'arrangement des premiers
plans. Tout est significatif, imprévu et profondément
logique ; tout est exprimé dans sa matière propre, tout
s'ordonnance avec le goût le plus net. Salles grises,
robes blanches, piano noir, une ou deux notes roses
ou jaunes, avec cela se construit une harmonie absolue. Le dessin d'une nuque, le mouvement d'une jambe
impatiente, la cambrure d'un jeune torse, la maigreur
élégante d'un bras, emportent l'admiration : tout est
caractéristique, un coude, un genou, un nez, jusqu'à
un angle de mur ou une ombre, tout définit le détail en
concourant à l'ensemble, et il n'existe pas de roman de
mœurs qui ait mieux synthétisé un milieu, comme il
n'existe pas de peintre moderne qui soit plus savant et
ait plus de style. Mais ces chefs-d'œuvre techniques
sont aussi des chefs-d'œuvre d'observation caustique,
désenchantée, amère, bien que l'artiste s'interdise les
déformations et contienne la signification morale de
l'œuvre dans les limites inflexibles du vrai, comme ne
l'ont fait ni Forain, ni Toulouse-Lautrec, ses dis-
ciples(1). L'humour de cette œuvre résulte uniquement
du contraste entre la perfection picturale et le sujet lui-

(1) M. Forain et M. Alexis Rouart sont, avec Miss Cassatt, les seuls
amis de M. Degas dont on puisse dire qu'ils furent ses élèves, en ne prenant aucunement ce mot dans son sens habituel.

même : rien à y ajouter, l'insistance même sur tel point risible ou navrant est superflue ; le sujet, considéré absolument par un œil qui sait tout voir, révèle lui-même tout ce que nous devons en penser, et, sous l'apparente froideur de cette vision réaliste, qui semble enregistrer mathématiquement, se devine l'intention railleuse, l'ironie presque effrayante de M. Degas. La *Danseuse chez le photographe*, par exemple, restera une pure merveille satirique, classique par la profonde science qui extrait le maximum de sensations et de pensées du minimum de moyens extérieurs : un atelier nu, dont les vitres laissent voir un paysage de toits, une grande fille prenant, dans une lumière froide, la pose qui fait son succès du soir, un pan de psyché, c'en est assez pour tout dire : il y a là un acte entier d'Henry Becque, ce Degas du théâtre, et il y a aussi une merveille de dessin et de tonalité, rien de vulgaire rien d'appuyé, la sobriété du grand style et dans le ridicule, un charme.

La *Danseuse-étoile* du Luxembourg, la *Répétition au foyer* (collection Camondo), telle œuvre chez M. Rouart ou M. Jacques Blanche, témoigneront du sens de beauté non pessimiste de cet observateur exceptionnel, qui serait le Debucourt contemporain, s'il n'était par surcroît un grand peintre et non un petit-maître, s'il n'avait à volonté inféodé le détail à la grande ligne, l'anecdote à la composition de haute allure dans des proportions restreintes. Mais ses facultés de physiolo-

giste devaient trouver dans l'étude de la femme nue un
motif plus capable encore de les manifester. Là, débar-
rassé même de l'intérêt anecdotique, le dessin de
M. Degas, en face de la figure humaine dans son
unité, devait s'élever à la véritable grandeur expressive.

Il a apporté, dans l'examen de ses femmes au tub,
de ses baigneuses, de ses femmes à leur toilette, la
même ironie discrète, mais intensément sous-entendue,
la même puissance analytique, la même originalité
dans la présentation, mais il y a joint quelque chose
que ses autres œuvres ne contenaient pas : un sentiment si vif des volumes, des consistances, des plans,
que ses nus ont une massivité statuaire, qu'on en voit
avant tout la masse organique et non la couleur, d'une
telle manière qu'ils font penser à Rodin plutôt qu'à
d'autres peintures. M. Degas a conçu la femme nue
moderne avec la nuance que ces mots accouplés semblent absurdes de contenir : la femme nue moderne
n'a, en effet, rien de la femme nue esthétique, c'est un
être qui n'a plus l'habitude d'être nu sinon dans une
chambre, et que nous n'avons plus l'habitude de voir
esthétiquement, soit qu'elle s'isole pour le bain, soit
que d'autres motifs nous la montrent, qui n'ont avec
l'esthétique que des rapports indirects. Un être qui
n'a plus l'habitude de la nudité ne sera jamais qu'un
être déshabillé, et, d'être vu, l'orgueil en lui sera
primé par la gaucherie. Cette gaucherie de la créature

ordinairement vue attifée, accoutumée aux étoffes et ayant calculé ses mouvements pour les faire valoir en s'en rehaussant, cette gaucherie de la créature dont le mystère de la toilette accroît notre désir, et qui se trouve désarmée et animale tout à coup, M. Degas l'a notée avec une subtilité troublante, et il y a découvert de multiples prétextes aux modifications des mouvements. Là son étude s'est raffinée amoureusement, là sa passion du diagnostic s'est concentrée. Une femme nue peinte par lui vaut tout un livre. On peut, à sa façon de saisir un linge ou de relever ses cheveux sur sa nuque, deviner si c'est un être pudique, ou une nerveuse, ou une femme peu gênée d'être vue nue; on l'ausculterait. Sa chair porte les traces du corset et des plis du linge; on sait ce qu'elle serait dans la rue, on reconstitue ses pensées. Elle est tout entière élucidée par ce merveilleux dessin qui poursuit le tracé d'une veine, d'un réseau nerveux, exprime le grenu de la chair de poule sur la peau lotionnée d'eau froide, et pourtant ne nuit en rien à la largeur des plans, à la grande silhouette définissant les volumes. Alentour rôde une atmosphère chaude, moite, lourde, emplie de silence et d'odeur féminine; mais, sauf quelques accessoires, tub, brocs de porcelaine, pans d'étoffes à fleurs, lingeries, rien n'existe dans le tableau, sinon le torse ou l'entière nudité qui l'emplit: tout se devine par réciprocité avec l'être, qui est le seul sujet.

Ces nus de M. Degas, si différents des nus d'atelier

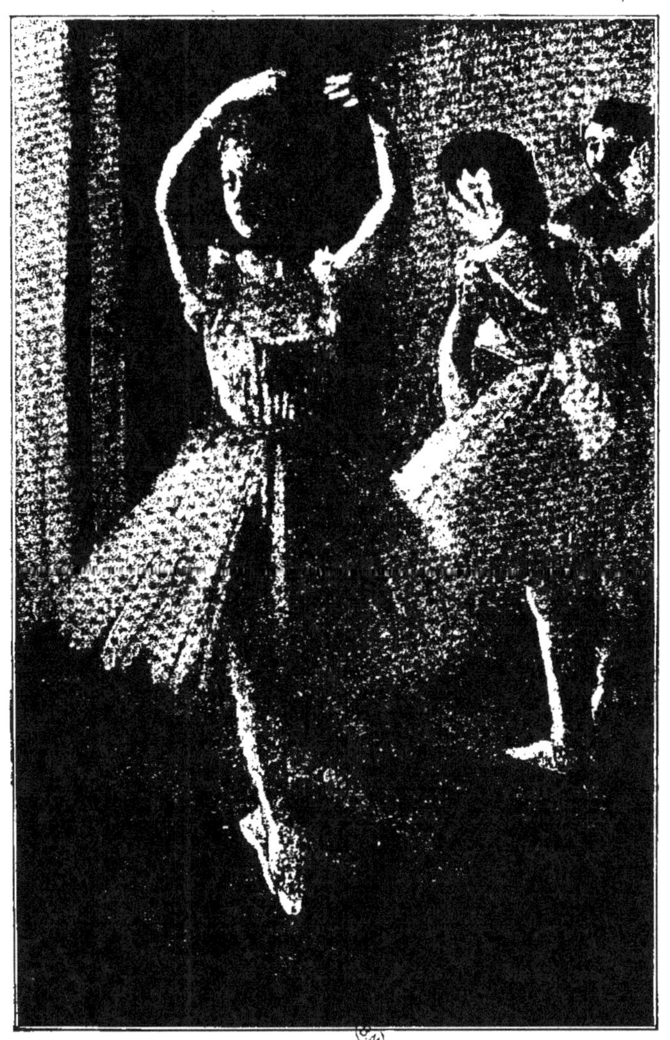

DEGAS. — Deux Danseuses au foyer.

ou d'école, ne symbolisent rien. Ils n'ont de raison
d'existence que dans la vérité même de leur étude. Ils
prennent alors la consistance du bronze, la force qui
les condense impressionne. Ce sont des entités affir-
mées avec une volonté et une sûreté dignes des vieux
maîtres primitifs du réalisme. Il y a quelque chose de
sombre dans cette beauté, une tristesse hautaine dans
ces gris et noirs. Ce sont bien là les œuvres d'un
homme profondément compréhensif, à qui toute illusion est irrespirable, et qui « voit les choses comme
elles sont ». Formule effrayante sous son apparente
banalité, don admirable et fatal de pouvoir réellement
fixer une minute de l'évolution continue des apparences
vitales, don qui interdit le rêve et défend à l'artiste
d'être indulgent à soi-même ! Ce qui est tracé là, dans
ces peintures, c'est l'expression d'un instant de la vie ;
et de l'évidence même de ces aspects résulte un trouble
qui grandit avec l'examen. Tout ce qu'il y a derrière
ce qu'on voit, tout ce qui est « la réalité seconde », c'est-
à-dire l'essentielle, est suggéré par ces œuvres. Elles
ne sont pas de minutieuses copies des détails, de ce
qu'on pourrait appeler l'épiderme de la vie : elles en
expriment avec largeur et style les états essentiels, et
elles les expriment si nettement que du même coup on
pense à ce qu'elles masquent, au monde de pensées,
de lois générales, d'invisibles et indicibles conditions
qui s'étend derrière les choses représentées. Le réel,
ici, c'est le profond, exprimé avec austérité, et c'est là

ce qui sépare totalement M. Degas de l'art anecdotique, c'est là sa beauté, c'est aussi ce qui fait peur aux esprits superficiels, qui l'abordent en croyant trouver un peintre de chevaux, de danseuses et de nudités, et ne contemplent de toutes ces choses que la vision recréée, grandie, stylisée, haussée à la synthèse.

La puissance du beau classique, tel que précisément l'a résumé Ingres dans ses admirables synthèses linéaires suffit ici à mériter le respect de ceux qui contesteraient cette conception trop réaliste de la femme. Ce qu'on appelle la beauté féminine, c'est-à-dire tout ce dont l'amour et la tendresse sentimentale parent l'animal humain, est inféodé par le peintre à la beauté picturale elle-même, la seule dont il ait souci. L'expression magistrale du vrai, il ne faut rien demander de plus à M. Degas : il la veut, il n'aime qu'elle, et il ne vibre pas plus devant une forme que devant une autre. Une forme, un volume, quels qu'ils soient, mettent en jeu ses facultés, on ne saurait distinguer ses prédilections. Tout au plus remarquera-t-on qu'il préfère peindre des torses nerveux et minces parce que le relief plus visible des muscles flatte davantage sa passion d'anatomiste. Ses peintures ne disent rien de son âme : c'est un abstrait, un exact, on ne sait rien de lui, ni son plaisir, ni son émotion, mais quel extraordinaire dessinateur ! Quelle puissance dans cette impassibilité ! C'est par là que M. Degas mérite d'être rapproché de certains maîtres révérés par l'école, et quand on trou-

vera plus tard quelqu'un de ces dos de femmes, on le
présumera dû à l'un des plus savants et des plus aus-
tères classiques qui aient jamais, auprès des sensuels,
des passionnés et des décoratifs, poursuivi l'étroit
mais intense idéal de la perfection du morceau. Art
chaste, amer, sarcastique, singulier, déconcertant, mais
art absolu, l'art de M. Degas touche à deux ou trois points
de la vie : mais il ne s'est circonscrit que pour mieux
pénétrer, et là où il a touché, un peu à la façon d'une
brûlure, là personne n'aura plus à toucher, personne
n'effacera la marque indélébile. Nous pouvons désirer
autre chose, regretter le lyrisme, l'enthousiasme, le
rêve, en venir à être presque irrités de cette vision implacable qui ne fera grâce à aucune illusion ; mais le
prestige de la perfection est là, obstiné, intact, et ce n'est
point la perfection d'Ingres, avec ses tendances à la
correction bourgeoise ou au pompeux, c'est une perfection qui rend inquiet, parce qu'elle révèle le fond
des choses, avec tout ce qu'il sous-entend de découra-
geant. Comme ceux de l'horreur, et mieux qu'eux, les
charmes du vrai n'enivrent que les forts : et c'est de
là qu'est venue l'impression de pessimisme satirique
que M. Degas a donnée, tant il est malaisé d'accepter
le vrai sans y voir l'accentuation triste de la vérité
qu'on incline toujours à penser plus plaisante. Cette
impression, que la vie ordinaire, avec son habituel
système de compensations, donne et reprend tour à
tour, on la trouve condensée et renforcée lorsqu'on

aborde l'œuvre de ce singulier, rude et amer génie,
qui ne s'est jamais soucié d'arranger le vrai et de lui
prêter du charme, estimant sans doute que rien n'est
plus triste que le faux agrément, plus laid que l'inexact,
et qu'il aura toujours assez d'amis dans le petit nombre
des ennemis du mensonge.

Quelques exquises notations de la vie contemporaine
achèveront de caractériser la qualité de cet esprit et
de cette peinture : par exemple, le *Café* (musée du
Luxembourg), où des silhouettes de filles sont si intensément révélatrices de toute une classe sociale, sur un
fond de lumières et d'ombres d'une ténuité, d'une légèreté d'indication surprenantes. De là le talent de
M. Forain, indéniable, mais non original, est sorti
tout entier, ou encore de ce petit chef-d'œuvre d'humour qu'est le pastel des *Figurants* (Luxembourg), où
chaque touche est un trait d'esprit, ou encore de ces
études de blanchisseuses, qui sont ce que l'art moderne
a peut-être produit de plus osé, de plus juste et de plus
étonnant par la mise en place, la notation des gestes,
la signification des types, la précision violente du caractère et, en même temps, la « distinction » des valeurs et des relations tonales, si je puis me servir de ce
mot galvaudé. C'est bien à dessein que je l'écris.
M. Degas, par la beauté de la ligne et des harmonies,
a ce privilège d'ajouter immanquablement quelque
chose de rare et d'élevé à des sujets, qui, interprétés
par tout autre, encourraient le reproche de « bassesse »

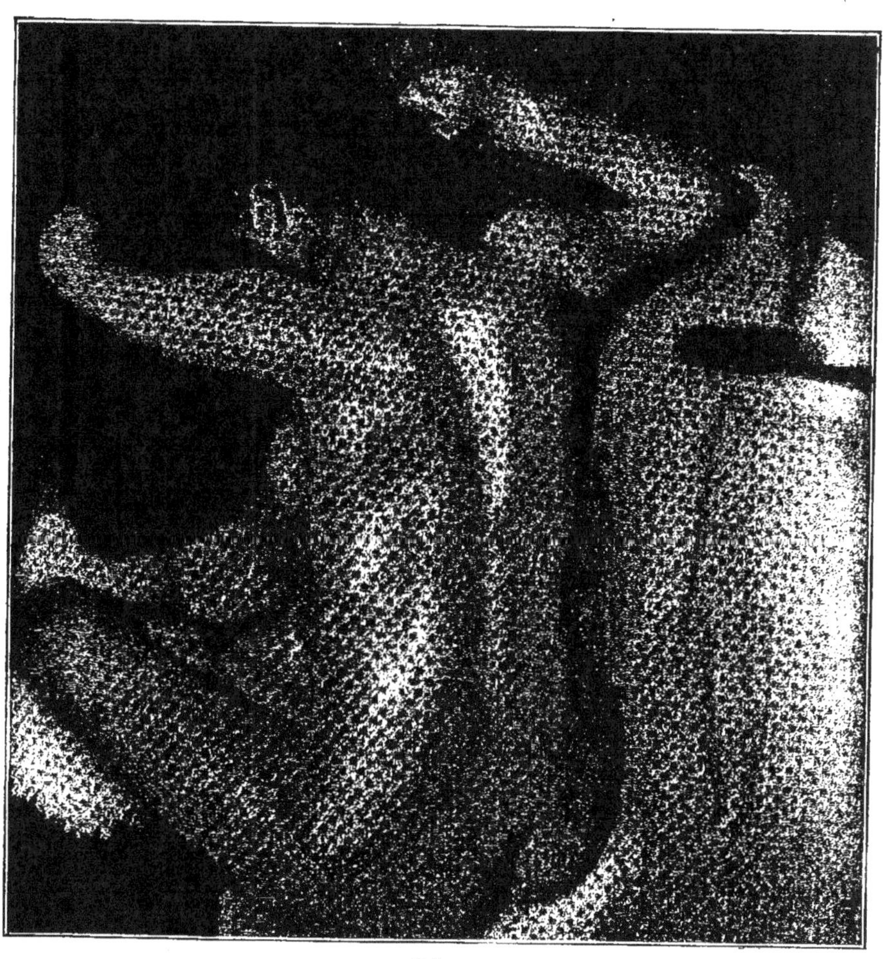

DEGAS. — LA TOILETTE.

Pastel.

cher à la critique de jadis. Devant tel corps où se constate la souillure, la veulerie ou la déformation d'un abus professionnel, au décor suspect d'une chambre sans intimité, l'observation cruelle du peintre nous impose l'admiration de valeurs puissantes ou nous intéresse par la préciosité de la technique, qui atteint parfois à la subtilité raffinée. Pastelliste incomparable dans l'époque, M. Degas, sur un simple papier Ingres, réalise des prodiges avec son exécution par hachures verticales ou, dans de minuscules études, comme l'audacieuse petite *Femme à la toilette* du Luxembourg, par d'incompréhensibles mélanges de poudres égratignées d'eau-forte, de crayon noir, par de brusques interventions de tons étalés, transparents comme un lavis et surchargés d'arabesques. Le mystère du procédé rehausse, ironiquement encore, le sujet brutalement évident. M. Degas a poussé plus loin, s'il se peut, cet amour de la complication technique dans ses paysages au pastel. Et là seulement peut-être se dévoile un peu de son âme. Rien de moins réaliste, de moins asservi à la vision directe, que ces aspects de nature où se jouent de radieuses tonalités orfévries, où un champ, un bout d'horizon, une silhouette de colline à la limite d'un ciel, deviennent les prétextes d'harmonies versicolores, de moelleux écrasements assourdis et chauds comme un tapis d'Orient, avec de soudains miroitements de soierie. Ces paysages sont les caprices d'un grand coloriste qui, dans sa peinture à l'huile si simple, comme dans ses figures au pastel plus complexes, s'était volontairement limité au gris et au noir pour exprimer les valeurs, ne se permettant que secondairement le rehaut de quelques tonalités discrètes, conception qui fut aussi celle de Whistler.

Caprices savoureux et chatoyants, qui prouvent à quel point un maître peut se libérer et se renouveler lorsqu'il est vraiment fort, en cet art un peu terrible ces paysages apparaissent comme des sourires, ce sont les indices d'une propension au songe chez un homme dont on eût pensé qu'il ne rêvait jamais, et ce sont aussi les seules œuvres où M. Degas montre, par ses harmonies de tons fragmentés, quelque affinité aux préoccupations de chromatisme de ses amis impressionnistes. En tout le reste, c'est un classique, et des plus sérieusement volontaires, de pure lignée française par sa passion du vrai, son amour du moment où il vit, son goût pour la caractérisation, son humour contenue, l'acuité de ses dons psychologiques. Classique, et j'y insiste d'autant plus que l'apparence dément ce mot et cette idée. Les peintres d'école, en secret, n'y contredisent pas. Pour les plus brillants d'entre eux, l'œuvre de ce grand solitaire est un exemple. Tous le savent très fort de la vraie force, et cet homme qui vit à l'écart, pas même décoré, les hante. Quelqu'un qui tient de près à M. Degas me racontait qu'un jour, dans un salon où se trouvait un membre de l'Institut, celui-ci se récria au nom de Degas : « Eh quoi ! vous le connaissez ! Parlez-m'en. » Et comme l'ami, surpris, concédait courtoisement : « Je n'eusse point cru, monsieur, que ce nom et cette œuvre vous... — Et comment, répondit le peintre académique, serais-je assez sot pour ignorer que Degas est le premier dessinateur du siècle ? — Mais... aux Salons, vous le refuseriez, vous et vos collègues... — Oui, oui, se récusa l'illustre officiel avec quelque gêne, mais les Salons, le jury, cela n'a pas de rapports... enfin, c'est tout autre chose... » Lors de l'acceptation du legs Caillebotte, qui déchaîna les fureurs, il est à remarquer que le seul nom de Degas ne fut pas agrémenté de quolibets. A Monet, Pissarro, Renoir ou Sisley, les pires invectives furent prodiguées ; il est impossible de trouver trace, dans les journaux de l'époque, d'une seule phrase désobligeante à l'adresse de M. Degas. On n'en dit rien, mais tous savaient qu'un maître était là, et un maître classique, capable d'entrer à l'École et d'y donner des leçons aux plus forts ; nul n'eût osé le contester, on jugeait prudent de s'en taire, car la discussion eût conduit à reconnaître en de telles œuvres la filiation évidente des grands traditionalistes. En d'autres occasions, on a plaisanté les « taches » de Sisley et de Monet, donné des conseils sur le dessin à Renoir, avec la désinvolture qui est le propre des échotiers ; mais le silence fait autour de M. Degas est significatif. Ce silence des incompréhensifs est comme l'ombre de la gloire.

Esprit littéraire, certes, si l'on veut consentir à évoquer La Bruyère et les Goncourt, ou plutôt celui-là dans les décors de ceux-ci, esprit dont on ne saurait dire qu'il est désenchanté, puisque rien ne lui plaît au degré d'une constatation juste, esprit d'une impeccable tenue, ni vaste ni altier, mais corrosif à force d'analyse, envisageant peu à la fois et n'errant jamais ; peintre d'une valeur prestigieuse, harmoniste sans défaillance, et, à coup sûr, l'un des plus grands dessinateurs de l'art français, dessinateur ayant amené l'art à la rigueur mathématique, tout en lui laissant sa verdeur et sa saveur d'instantanéité ; théoricien ayant créé une composition nouvelle dont tout le dessin contemporain s'inspire, et ayant défini, avec une perspicacité digne des plus beaux Japonais, les rapports des lignes mobiles d'un être avec les plans immobiles du milieu où il est placé ; voilà ce qu'on peut dire de M. Degas, surprenant maître du mouvement, et quand on en aura dit tout cela, on n'aura rien fait pour définir, avec des mots qui échouent, le charme unique d'amertume, de tact, de vérité, qui se dégage de son œuvre, avec on ne sait quel mystère dans l'évidence.

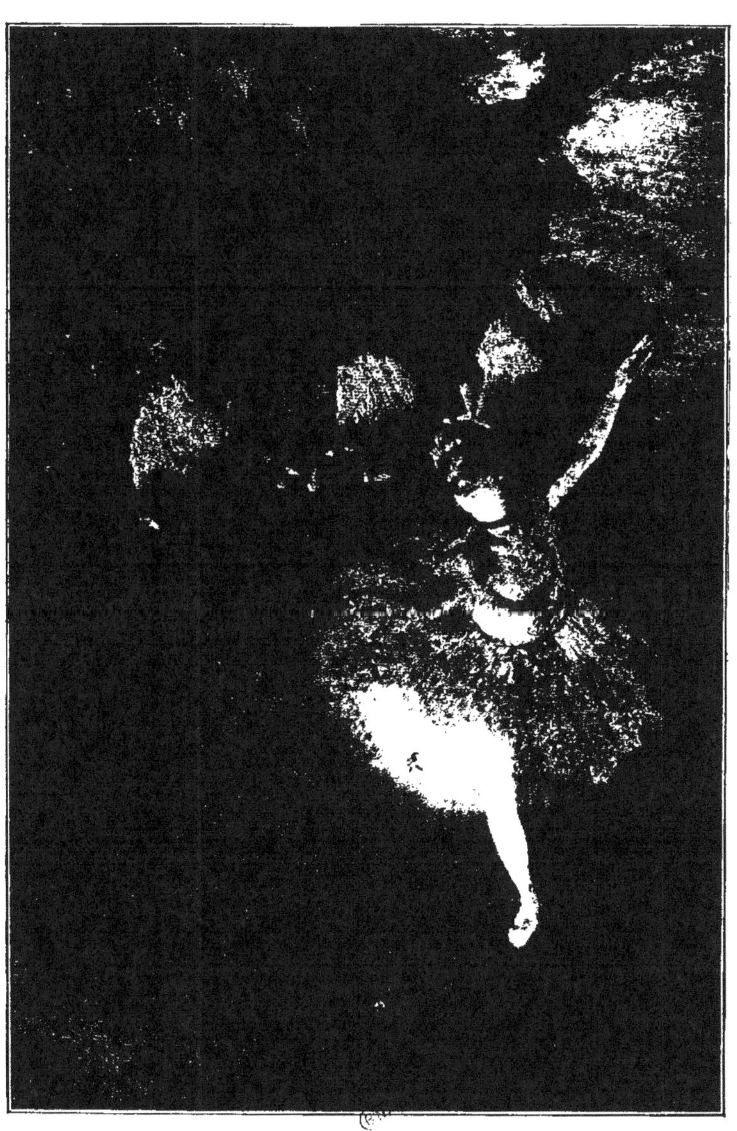

DEGAS. — La Danseuse-étoile.
Pastel (Musée du Luxembourg).

VI

AUGUSTE RENOIR ET SON OEUVRE
(1841)

VI

L'œuvre de M. Auguste Renoir (1) s'étend sans inter-
ruption sur quarante années fécondes, et s'il en était
fait une exposition d'ensemble, le public resterait stu-
péfait devant ce prestigieux amoncellement d'œuvres
dont des centaines sont considérables, et dont aucune
n'est négligeable. L'artiste s'abstenant des Salons,
autant à l'époque où on l'en excluait qu'à celle-ci, où
une place d'honneur l'y attendrait, le public n'a pu
qu'imparfaitement suivre, par des visites aux expositions particulières, l'évolution incessante de M. Renoir.
L'entrée du legs Caillebotte au Musée du Luxembourg,
où brillent sous cette signature deux admirables chefs-
d'œuvre, la *Balançoire* et le *Moulin de la Galette*, a
révélé le peintre à beaucoup de personnes qui ne
savaient de lui qu'un nom respecté, et M. Renoir apparaît là, dans une collection formée avant l'époque
des vraies grandes œuvres impressionnistes, parmi
bien des ébauches prometteuses, comme le plus homo-
gène des maîtres représentés, plus que Monet, plus

(1) Né à Limoges le 25 février 1841.

que Manet, et même M. Degas. On les y pressent, plus qu'on ne les y juge ; on y voit M. Renoir à peu près entier.

Dans le noble tableau de M. Fantin-Latour, *Hommage à Manet*, qu'on voit au même Musée, parmi les artistes ou critiques groupés derrière le maître assis à son chevalet, auprès de Claude Monet, de Bazille, de Zola, de Bracquemond, un jeune homme est debout, vêtu d'un macfarlane noir et coiffé d'un feutre noir ; sa tête est maigre, avec un profil de chèvre, des yeux fins à demi-clos, une expression de sensualité subtile, de modestie un peu farouche, de réticence, de caprice et de mélancolique nervosité. Ce jeune homme profondément défini là par l'art psychologique de M. Fantin-Latour, grand perspicace et grand rêveur, c'est M. Renoir ; et il est presque tel encore, avec le même caractère qui l'a tenu éloigné de toute mondanité au point qu'on se demande comment la Légion d'honneur, même si tardivement, a pensé à lui plutôt qu'à Monet ou à Degas, complétant avec lui un trio de solitaires.

Si l'on osait créer des divisions dans son œuvre, qui a touché à presque tous les genres, portraits, nudités, fleurs, paysages, scènes de genre, on pourrait peut-être les chercher dans sa technique plus raisonnablement que dans ses sujets, qu'il a constamment intervertis selon son caprice, et en reconnaître trois principales. La plus ancienne le montre épris d'une facture lisse, où le couteau à palette remplace constamment le pinceau,

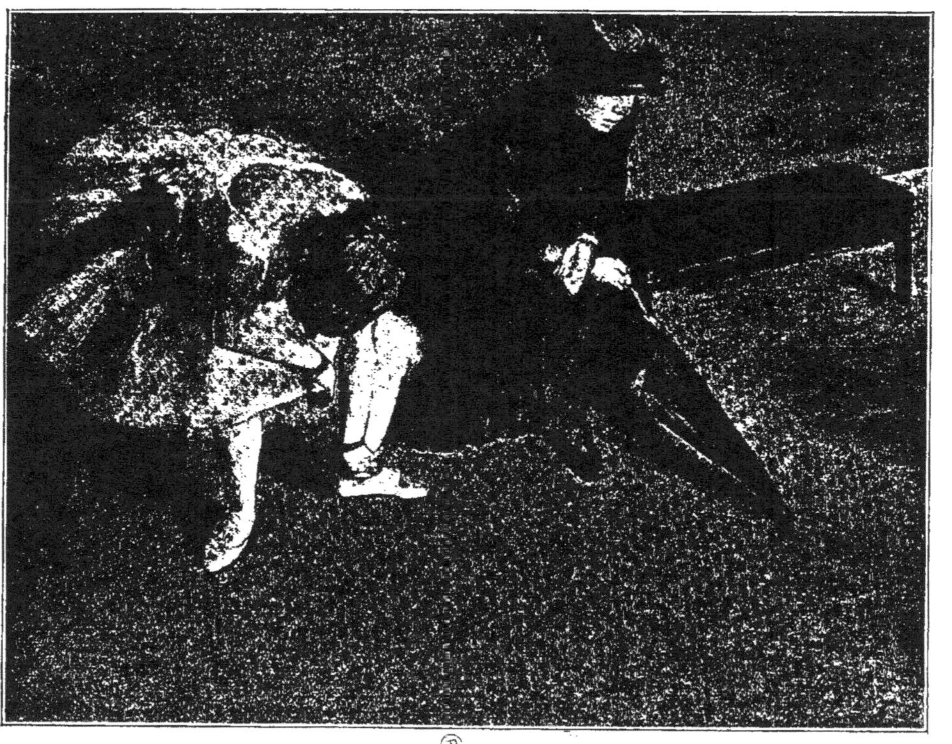

DEGAS. — L'Attente.
Pastel.

et qui est celle des *Baigneuses*, dont M. Jacques Blanche
possède un admirable témoignage, le plus complet de
cette nombreuse série. Et tout de suite, devant cette
facture, s'impose l'idée du retour à la tradition française. C'est à Boucher qu'on songe invinciblement
devant cet impressionniste honni, traité de barbare,
de dément, d'audacieux mystificateur par les gazetiers
et les peintres académiques d'il y a trente-cinq ans.
C'est à Boucher que se réfèrent ces chairs riantes et
polies, ces attitudes vives, ces modelés d'émail cernés
par des linéaments sobres, cet éclat net et doux, cette
précision un peu sèche des traits réagissant sur cette
pâte grasse, ce contraste de tonalités excluant presque
les ombres, cette façon de répandre partout la lumière
sans l'amener progressivement sur un seul point par
le mystère des demi-jours. C'est à Boucher que re-
monte cette simplification des formes, exprimant les
volumes des corps et réduisant au minimum le détail
intérieur de ces volumes, soulignant à peine un nombril
ou l'aréole d'un sein dans un torse vu de face, et se
préoccupant avant tout de sa valeur sur le fond. C'est à
Boucher enfin que s'apparentent ces harmonies acides,
certains bleus vifs, la pâte de Saxe de ces nudités heureuses. Mais l'apport personnel de M. Renoir, c'est la
franche recherche du clair sur clair, l'identification
presque absolue des valeurs aux fonds, et l'accentuation
des cernures des silhouettes, où se précise déjà le souvenir des estampes japonaises. Ces *Baigneuses* sont

stylisées dans un sentiment décoratif très volontaire, qui ne permet à la recherche de la vie que de s'exprimer en second. Elles sont animées par un coloris tendre, où le rose domine avec quelques bleus et des tons ivoirins, selon un parti pris décoratif les ramenant à une harmonie unitaire.

Auprès de cette conception picturale, on peut en discerner une seconde, qui marque le rapprochement de M. Renoir vers la vie réelle et vers la vision de ses amis. C'est celle de ses paysages, de ses fleurs et de ses portraits. On y sent la parenté directe de Manet et de Claude Monet. Les paysages s'expriment par des hachures de couleurs, massées, juxtaposant les tons du spectre, s'accumulant tout à fait selon le procédé impressionniste, supprimant le ton local, peignant moins les objets que leur transparence à travers l'atmosphère, et décomposant les colorations apparentes de la vie en isolant leurs éléments naturels sur la toile pour les recomposer à distance sur la pupille du spectateur. Les portraits de M. Renoir, parallèlement, se transforment, et sont profondément apparentés à ceux de Manet par la largeur de l'exécution, la franchise de la présentation, le volontaire mépris du détail fignolé, cher à tant de peintres. L'artiste recherche avant tout les volumes exacts et la justesse des valeurs, où il voit la vraie science, que l'académisme renferme dans l'exécution également poussée des détails sur toute la surface d'un tableau : il comprend l'illogisme de cette pseudo-per-

fection qui s'intéresse autant à un bouton d'habit qu'à
un œil, il se préoccupe de graduer l'intérêt de la peinture qui doit, tout en exécutant avec justesse toutes les
parties, guider le regard du spectateur au point essentiel, soit psychologique, soit pictural. Ce choix, qui
est la vraie preuve du goût, M. Renoir en sent toute
l'importance. Il a le sens inné d'une notion naturelle,
niée par l'académisme, celle du but même de la peinture, qui n'est pas la reproduction, mais *l'interprétation*
des détails, le costume et l'accessoire étant *les dépen-*
dances et les accentuations extérieures d'un être. Rembrandt, Ricard ont peint avec soin un bijou, une
cravate, mais ils ne les ont pas copiés, ils leur ont
donné leur relief et leur élégance, en leur appropriant
une facture précieuse dont le travail curieux équivalait
à leur préciosité même. La peinture de Monticelli
donne bien plus authentiquement l'impression d'une
pierrerie qu'un pendant d'oreille copié méticuleusement
par Desgoffe. Enfin, M. Renoir obéit encore à un
désir fondamental du vrai peintre, celui de la suggestion. Et autour d'une figure comme par exemple la
Jeune femme assise au bord de la mer, il indique la
grève, les flots et le ciel par quelques larges touches
qui suffisent à en donner la notion, étant justes dans
leur ton et leur valeur, sans pourtant nous empêcher
de terminer pour ainsi dire par le souvenir ce paysage
accessoire selon les grèves et les vagues que nous
vîmes, cependant que ce même travail ne nous est pas

permis pour la figure, qui est un portrait précis, et
où nul trait ne peut être ajouté par nous.

Ce mélange de suggestion par l'inachèvement apparent (1) et de réalité vive, cette différenciation de facture
dans le même tableau, ce don de s'arrêter à temps, cette
finesse des tonalités sur ces formes larges, ce sont les
traits par où M. Renoir s'allie intimement aux autres
impressionnistes, c'est par eux qu'il compte dans leur
groupe militant de techniciens. Il s'écarte dès lors de
la facture des *Baigneuses*, et peint ses grandes œuvres
modernistes, le *Déjeuner des Canotiers*, le *Moulin de la
Galette*, la *Loge*, *Sur la terrasse*, le *Premier pas*, la
Femme au chat, en dissociant les tons, et en abandonnant sa façon émaillée et son coloris unitaire. Mais sa
nature est trop capricieuse pour se discipliner avec une
seule technique. Tel paysage, *Route de Louveciennes*,
se ressouvient de Corot, et telle *Ferme* évoque Anton
Mauve avec un coloris impressionniste. La *Femme au
col cassé* s'apparente à Manet, tandis que le portrait de
Sisley pousse jusqu'au pointillisme, que les néo-impressionnistes érigeront en système bien plus tard, le souci
de la vibratilité des touches sur cette figure nerveuse.
La *Pensée* évoque la façon de certaines esquisses an-

(1) Est-ce à Corot qu'il faut décidément attribuer le fameux mot :
« On ne voit rien et tout y est » ? Mot typique, qui est presque la formule de l'anti-académisme, mot applicable au grand poète des brumes
argentées, qui fut un maître en suggestion, mot repris par Whistler,
Carrière et Rodin contre la notion du « fini » qui hypnotise l'École.

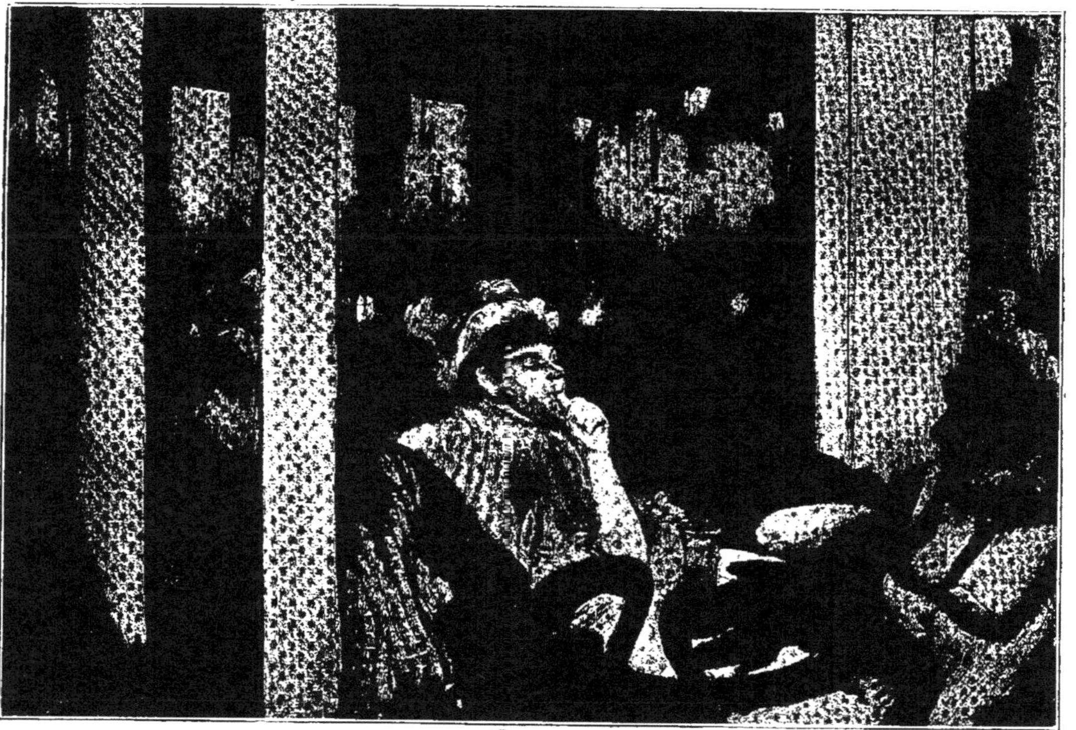

DEGAS. — Un Café boulevard Montmartre

Pastel (Musée du Luxembourg).

glaises, notamment de Hoppner, en y mêlant librement
les hachures. Mais dans toute cette vivace étude des
techniques, à laquelle M. Renoir s'adonne avec une
verve et une volonté surprenantes, toujours reparaît
l'invincible instinct français. La *Jeune fille au panier* est
un Greuze peint par un impressionniste. La délicieuse
Jeune fille à la promenade s'affilie un peu à Gainsborough, mais essentiellement à Fragonard, par la manière et le sentiment. La *Loge,* ce chef-d'œuvre qui, à
l'Exposition de 1900, était la merveille des salles impressionnistes, condense toute l'élégance française d'il
y a vingt-cinq ans. Dans le *Déjeuner des Canotiers,* dans
la scène de bal du *Moulin de la Galette,* la psychologie
des types parisiens égale les plus saisissantes trouvailles
expressives de Manet. La *Balançoire* est aussi proche
des jolies choses du xviiie siècle que les *Fêtes Galantes*
de Verlaine, dont M. Renoir eût peut-être fait une délicieuse illustration. Il y a, en plus, comme dans Verlaine, le ragoût du modernisme interprétant un siècle
disparu, mais la filiation est indéniable. Devant de
telles œuvres, comme devant le portrait de *Jeanne
Samary* en robe de bal, tout homme sensitif qui aimera
et comprendra le caractère inimitable des mœurs, du
goût, et de l'art de notre pays ne pourra se défendre
d'une sensation singulièrement captivante, celle d'être
chez lui, devant l'œuvre d'un peintre de sa race et de
son sang.

Et la troisième manière de M. Renoir lui est tout à

fait personnelle. Il y expose un coloris particulier et y
mêle ses deux autres factures. Il y concilie ses hachures
de tons dissociés, et ses premières préférences pour la
peinture au couteau à palette. Il y recherche des harmonies presque discordantes. Il joue des dissonances
avec une subtilité versatile. Il réalise d'étonnantes
« impressions fausses ». Il affectionne les couleurs
craintes par les autres peintres, semble prendre pour
thèmes les tapis du Turkestan, et, abandonnant à la
fois la stylisation et le réalisme, il conçoit la peinture
comme une symphonie de tonalités rares. Des fleurs,
des têtes de jeunes filles, lui sont des prétextes suffisants.
Il s'amuse à assembler le rose turc, la fraise écrasée,
le citron, le vert acide ; il les noue et les dénoue en
longs filaments, en écheveaux mariés et dissociés. Tantôt il les harmonise par des nuances complémentaires,
tantôt il les oppose brusquement, tantôt il se complaît
à amasser des colorations fades qui écœureraient chez
d'autres et dont il tire subitement une harmonie, et
tantôt il revient à l'harmonie par la dégradation des
tonalités les plus crues, exprimant la douceur avec le
vermillon, la tristesse avec le jaune d'or, la gaîté avec
le gris et la dureté avec le bleu, paradoxal, inégal et
bizarre musicien de la couleur, analogue à ce singulier
et si attachant symphoniste qui a nom Claude Debussy.
On est étonné, inquiet, charmé, déconcerté, comme
devant un châle de l'Inde, une poterie barbare ou une
miniature persane, et on renonce à cerner dans une

définition cet exceptionnel virtuose, qui n'a rien des
roueries du virtuose, et dont l'amour passionné de la
couleur fait toute la science. C'est dans cette partie —
la plus récente — de son œuvre que M. Renoir apparaît
le plus capricieux et aussi le plus poète des peintres de
sa génération, fait pour décourager la critique qui catalogue les hommes au lieu de les suivre.

Sa technique n'est pas moins variée que son inspiration. Ses baigneuses sont modelées au pinceau dans
une pâte étalée au couteau, aussi grasse que la chair
elle-même, nourrie par couches successives, ayant le
poli et la consistance du kaolin ; jamais le « blaireau-
tage » de M. Bouguereau n'en dépassa la nacrure, le
lissage, et cependant cela n'a rien de fade ni de blême,
et ces chairs ne sont pas en porcelaine, elles n'ont rien
de « léché », à cause des cernures précisées des
silhouettes, à cause de la vérité des volumes, à cause
de la liberté des gestes et de tout ce qu'il y a de sous-
entendu dans la féminité du poème de ces jeunes torses,
étrangers aux postures académiques. La netteté des
valeurs permet la mièvrerie des chairs d'un rose pâle.
Dans les œuvres de la seconde période, M. Renoir continue à empâter violemment, mais c'est alors par d'infinies
accumulations de petites touches, plus fines que celles
de Claude Monet, moins fougueuses et plus nerveuses ;
c'est une pluie de minuscules tonalités qui s'abat sur la
toile de grain moyen et la couvre abondamment de ses
rugosités vives, tantôt verticalement, tantôt dans le sens

des modelés. Ainsi est peint le *Déjeuner des Canotiers,* où figure une des plus admirables natures mortes qu'on puisse voir dans l'école française, ou encore la *Fin de déjeuner,* si large et si minutieuse, où un homme barbu allume une cigarette avec une allumette dont on voit rougir le bois, et cela sans mesquinerie d'exécution. On ne peut s'empêcher de songer à l'allumette jetée à terre du *Graveur à l'eau-forte* de Meissonier, pour comparer le puéril triomphe de la peinture « finie » à la vraie et franche peinture. Dans la *Loge,* la facture devient beaucoup plus large. C'est un régal de tonalités assourdies, de subtils ivoires, un poème de transparences alternant avec des opacités. Ce morceau, pour nous le plus beau qu'ait signé M. Renoir, égale en charme purement pictural les plus savantes choses de Reynolds, de Gainsborough et de Lawrence : l'exécution en est aussi riche et aussi élégante que le sujet, on aimerait découper un morceau de cette toile et en examiner la matière comme un bibelot, elle peut donner un plaisir analogue à ceux que goûtent les connaisseurs de très vieux vins ou les amateurs de porcelaines chinoises qui, indifférents à leurs délicieux ornements, en palpent la surface en fermant les yeux. Mais la technique du portrait de *Jeanne Samary* est encore différente. Le visage, les épaules, la gorge, les bras, sont peints au couteau à palette, les yeux, les sourcils, la bouche, les narines s'y inscrivent au pinceau avec la précision des dessins japonais, on dirait presque avec du khol, des

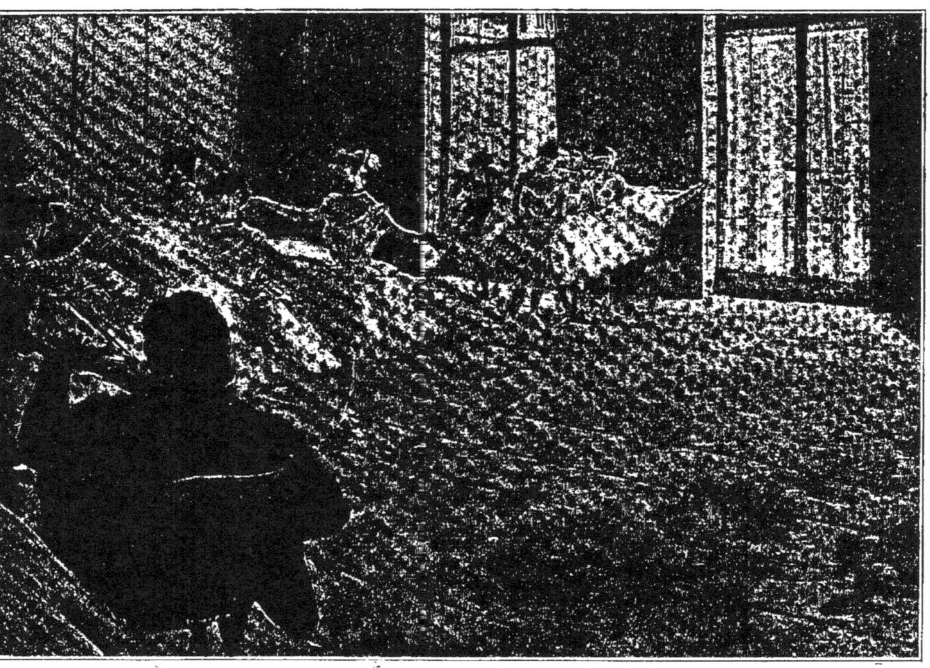

DEGAS. — LA LEÇON AU FOYER.

cosmétiques et un bâton de rouge, tandis que les gants
et la robe sont peints en pleine pâte. Les volants de la
robe, blanc sur blanc, sont presque en relief. C'est
d'une exécution à la fois étourdissante et naïve. C'est
fait avec rien, c'est une improvisation de couleurs
accumulées dans une sorte d'aveu de l'artiste qui ne
sait pas imiter et qui invente, avec une ignorance trans-
figurée par un goût naïvement exquis. Il en sait peut-
être moins long, dans l'art du trompe-l'œil des étoffes,
qu'un Delaunay ou un Lefebvre, mais il va bien plus
loin et bien plus haut, parce qu'il a plus de génie que
d'acquit, et que son acquit, constamment renouvelé
par la vie, ne l'emprisonne pas dans une stérile habi-
leté. Là où un praticien de l'École eût peint une robe,
correcte et capable de servir de modèle à une coutu-
rière, il a créé une sorte d'incrustation, de poème de la
fanfreluche soyeuse vu voluptueusement par un œil de
peintre sensitif et imaginatif, en harmonie avec la
figure elle-même de l'attachante diseuse aux pâles
boucles d'or.

Le *Moulin de la Galette* est peint sans méticulosité,
avec de longues touches caressantes comme les taches
de soleil qui diaprent les vestons bleus, les robes de
jaconas et les verdures de ce bal tournoyant. Manet
garda toujours une certaine sympathie pour le noir,
dont il fut d'ailleurs un virtuose supérieur : M. Renoir
l'exclut, et le bleu de Prusse suffit à la base de ses tonalités. Au fond de ce tableau, les figures d'arrière-plan,

mêlées dans le mouvement de la valse, sont indiquées
tout juste par leur mouvement essentiel, celui que le
spectateur de la scène réelle pourrait discerner. Ce ne
sont plus des êtres, mais des attitudes d'êtres, des
valeurs, — c'est-à-dire la réalité, contrairement aux
préceptes de la peinture sage qui entraînent par exemple
M. Detaille, dans ses tableaux militaires, à dessiner
aussi minutieusement ses personnages lointains que
ceux du premier plan, en sorte qu'ils semblent être
aussi au premier plan, mais comme des enfants auprès
d'adultes, plus petits mais non plus éloignés. La *Jeune
fille à la promenade* est peinte avec très peu de couleur,
presque en transparence sur une toile fine, avec une
allure d'esquisse qui allège son charme ; c'est moins
un être qu'un reflet, avec un ou deux accents. Enfin,
la troisième série des œuvres de M. Renoir, ou du
moins celle qu'arbitrairement nous nous sommes permis d'établir pour déguiser notre embarras critique
devant un peintre si ondoyant, est d'une facture de
nouveau semblable où les deux premières se retrouvent
parfois pour s'unir ou contraster. Les fleurs se voient
tour à tour traiter selon leur caractère propre : les
glaïeuls s'empâtent magnifiquement, un treillis de petites
touches cruciales définit les grêles fleurs des champs.
Les têtes de jeunes filles sont influencées par l'ombre
mauve des chapeaux fleuris à larges bords, peintes sur
des toiles à gros grains, esquissées à grands traits de
pinceau, avec des cheveux d'une seule coulure. C'est

une incessante confusion de procédés, un affranchis-
sement total du virtuose qui n'écoute que sa fantaisie.
Telle petite étude semble en lainage, et telle autre a
l'aspect de l'agate, marbrée, jaspée, assourdie ou acide
selon un caprice qu'il est impossible de définir. Mais
c'est assez parler des procédés de M. Renoir, et il est
temps d'en venir à son sentiment des êtres et des choses,
à sa psychologie, à son âme, à ses rêves.

La technique, en effet, si ingénieuse soit-elle, ne peut
suffire à constituer un artiste de premier rang, si elle
ne ratifie point des facultés psychologiques ou décoratives, la puissance soit d'inventer des ensembles soit
de créer des types, selon un style personnel à celui qui
en use. Or, il y a chez M. Renoir cette puissance sous
plusieurs formes et à divers degrés, inégalement, mais
d'une façon indéniable.

Il a de la nudité une conception très particulière, et
à un point qui permet de ne confondre ses nus avec
ceux d'aucun peintre, même parmi les impressionnistes,
qui les ont conçus si originalement. Degas a étudié
avant tout la femme moderne déshabillée. Ses torses
portent encore l'empreinte du corset et des plis du
linge. Ils n'on rien de ce nu emblématique et triom-
phant des classiques, qui a un caractère de permanence.
Ce sont des nus que nous ignorions tout à l'heure, que
nous entrevoyons, et qui vont bientôt se recouvrir de
vêtements. Nous ne les apercevons que dans des cabinets de toilette, parmi les étoffes à fleurs, les tubs où

flottent les éponges. Ce ne sont pas des nudités symboliques ni même offertes à l'amour. Nous étudions des contemporaines dévêtues. Leur beauté est uniquement psychologique et caractériste. Les nus de Degas sont presque des documents physiologiques, on y étudierait la neurasthénie, les diverses maladies nerveuses de la contemporaine ; leur charmante maigreur, leur élasticité animale peut plaire, mais elle est très éloignée de la beauté proportionnelle comme l'a conçue la peinture scolastique, dont elle bouleverse les canons. Le terrible observateur ne se préoccupe que de vérité, et n'arrange pas ce qu'il voit. Manet est surtout préoccupé de la tonalité de ses nus, de leur expression musculaire. Rien, dans les nus de Manet et de Degas, n'est fait pour plaire au spectateur qui arriverait pénétré de l'idée, si commune, qu'une nudité doit être canoniquement belle et « poétisée », avec des cheveux de deux mètres, des seins de vierge, une peau de lis et de roses, en un mot telle qu'on ne la rencontre jamais. La Victorine du *Déjeuner sur l'herbe, Olympia,* les *Femmes au tub* de M. Degas, sont simplement des femmes vivantes, vues dans des atmosphères naturelles, faites décemment, ni repoussantes ni divinisées, et parce qu'ils peignent la femme nue, ces peintres ne se croient pas obligés (pas plus que Rembrandt) de lui enlever toute imperfection en en faisant un type idéal, qui n'est d'aucun pays sinon de celui d'Académia, contrée heureuse où pas une des femmes que nous avons connues ne serait admise, sinon à cor-

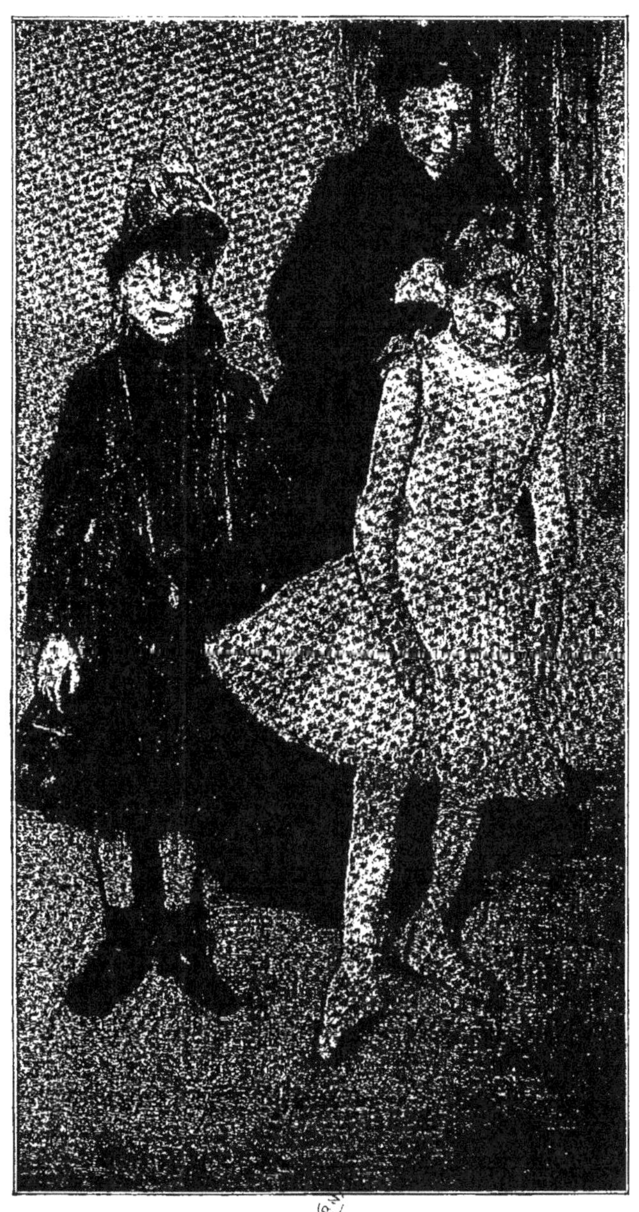

DEGAS. — LA FAMILLE.

rection. Ils étudient le ton de la chair, mettent en relief un détail typique de l'époque, du pays, de la condition sociale, en un mot ils cherchent sous le vêtement la psychologie qu'on se borne à chercher en général sur lui. Degas va même jusqu'à noter la gaucherie de l'être nu, de l'être pour qui la nudité est inhabituelle dans nos mœurs, l'attitude gênée qu'elle lui confère, son côté légèrement caricatural. Chez Puvis de Chavannes, à qui on ne reprochera pas de manquer d'idéalisme, le nu, bien qu'anobli et s'élevant jusqu'à la signification allégorique dans des paysages stylisés, reste quand même véridique. Ses mères, ses jeunes filles ne sont pas conformes à la convention de perfection d'École, et il les fait épaisses ou maigres quand il sied. Le nu de Rops est spécial. L'artiste y fait saillir à dessein les caractères de la luxure, aiguise la gorge, amincit la taille, développe les hanches, cambre les reins, donne à tout le corps l'élasticité nerveuse des grands fauves, et stylise selon ses sujets le type classé sous le nom de « fausse maigre » que Rodin affectionne également.

Mais M. Renoir conçoit tout différemment la femme nue, et d'une façon qui n'est ni académique, ni psychologique, ni réaliste, ni luxurieuse. Il la voit selon un certain instinct qui est beaucoup plus littéraire qu'on ne le penserait. On dirait qu'il en observe à peine la ligne, tant il est séduit par l'éclat de son épiderme. Il peint amoureusement sa chair dans des gammes vi-

brantes, neigeuses ou roses, peu vraisemblables. Il en
fait des chants, et non des études. Pour lui, le nu
féminin est un éclat, une pulpe lumineuse, liliale, na-
crée, florale, qu'aucun modèle, aucune rousse à peau
diaphane, ne saurait offrir. Il la peint véritablement en
poète. C'est pour lui « l'argile idéale », et l'on songe
aussi à certaines expressions de son ami Stéphane
Mallarmé, nuageuses, vibrantes, évocatrices et dérobées
à toute analyse. Rappelons-nous *Le Phénomène futur* :
« Quelque folie originelle et naïve, une extase d'or,
je ne sais quoi ! par elle nommé sa chevelure, se ploie
avec la grâce des étoffes autour d'un visage qu'éclaire
la nudité sanglante de ses lèvres. Et ses yeux, pareils
aux pierres rares, ne valent pas le sourire qui sort de
sa chair heureuse... » Le nu de M. Renoir est là tout
entier. Comme le nu académique, il n'a ni âge, ni date,
ni origine, mais il ne vient pas d'Académia, il vient
d'un pays de rêve farouche et primitif. La femme nue
conçue par M. Renoir, c'est une créature purement
animale. Qu'il la dresse sur des eaux écumeuses ou sur
des feuillages, toujours elle y apparaît comme un sur-
naturel fruit de chair épanoui dans une nature infiniment païenne et ingénue. Elle est rose et blanche aussi
naïvement et aussi fraîchement que le dedans d'une
pastèque. Ce n'est pas une Ève dans l'Éden, c'est une
sauvagesse dans la brousse parfumée. Celle-là n'a jamais
connu de vêtement. Sa forme est souvent défectueuse
au gré de notre vision d'Européens esthétisants, éduqués

par les musées et les livres, imprégnés malgré tout de la beauté canonique. Elle a des seins abondants, de grasses épaules, un ventre impudique, et toute sa chair est un hymne à la paresse. C'est un animal buvant le soleil et la fraîcheur avec une nonchalance barbare, sans attitude voulue, sans autre charme que celui de sa peau de fleur qui réfléchit la lumière. Et tandis que la plupart des nudités académiques, soigneusement présentées sur fond sombre, semblent faites d'une baudruche éclairée à l'intérieur, on sent bien que celles de M. Renoir sont des volumes de chair dont l'irradiation vient du plein air ambiant ; elles ont la consistance des Rubens et leur luxuriance charnelle inquiétant l'œil pudibond. Nous ne rencontrons pas de telles créatures, même en Flandre, même parmi les campagnardes les plus vigoureuses. Il faudrait aller aux colonies, dans les îles primitives, pour en trouver les modèles : mais non, le peintre seul les connaît, et il y a en lui un coin de rêve oriental, versicolore, grassement voluptueux, et exempt de la nervosité moderne.

Ces coulées de chair ingénues et fastueuses, il les a rêvées mais non vues. Et il enchâsse sur ces rondes épaules, sur des cous plutôt courts, des têtes d'un galbe singulier. Leurs crânes exigus sont modelés étroitement par les chevelures retombant en nappes. Leurs yeux sont largement fendus, et dardent des regards où jamais une pensée ne s'arrêta, des yeux d'antilopes indolents et doux. Leurs bouches « nudités sanglantes ».

sont fortes, avec deux lèvres pareilles, du même dessin
et de la même grosseur. Leurs nez sont camus, petits,
peu saillants du front et épatés des narines qui aspirent
la brise. Et toute leur face est courte et camuse. L'ob-
session de ce type est flagrante dans toute la peinture
de M. Renoir. Rops aussi a aimé donner des petites têtes
camuses à ses grandes femmes félines, mais dans une
intention déterminée, pour bien accentuer leur caractère de luxure violente dans les mâchoires prêtes à
mordre, dans la canaillerie impudente du nez et dans
l'acuité des yeux durs brillant au sein de cernures profondes : la camuse de Rops, c'est presque la Camarde,
et souvent, la décharnant tout à fait, il a planté la tête
de mort sur la stature de la courtisane. Mais M. Renoir
écarte ces lugubres idées. Son type de femme, sans
aucune cérébralité, n'invite pas le regard à se détourner
de la chair troublante des seins ou du ventre pour
chercher une pensée dans le visage : l'animal heureux
a bien la tête qui lui sied, des joues et une bouche de
fruit, des yeux inconscients, les signes de la brute
douce, éclose dans une nature tropicale où la pudeur
est aussi inconnue que le vice, où la satisfaction est
absolue. Et c'est à cette désarmante ingénuité que la
femme nue de M. Renoir doit ne pas sembler obscène,
en s'étalant avec un sourire dans sa blanche blondeur.
Elle aurait le visage et le corps d'une fille libidineuse
s'il se glissait dans son masque reposé le plus petit
trait analogue à ceux que les soucis de la vie euro-

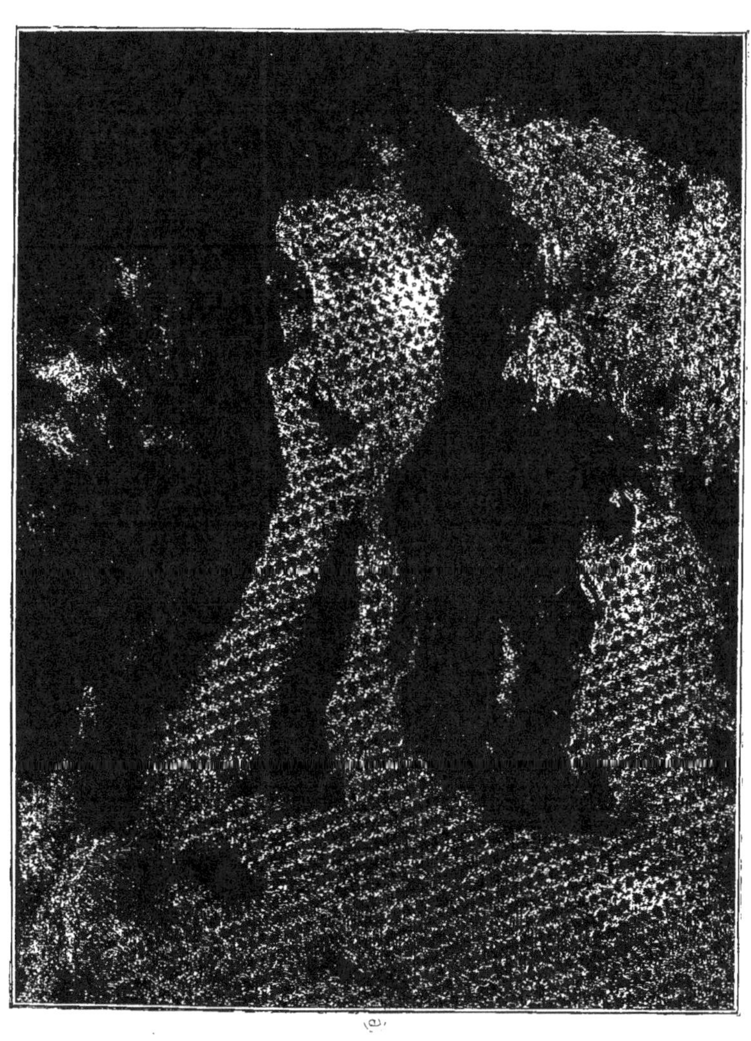

RENOIR. — LA PENSÉE
(Collection de M. Strauss, Paris).

péenne ont créés à la femme de notre race : mais cet
être est si loin de nous et des formes habituelles de nos
désirs, qu'il ne s'encanaille pas. Il n'y a aucun rapport
moral entre lui et nous, nous ne pouvons pas le regar-
der avec lubricité, et par conséquent il ne nous rend
pas une impression que nous ne lui avons pas juxta-
posée, car notre sensualité, dans son expression la plus
grossièrement simpliste, est encore mêlée de mille
complexités psychologiques. Jamais l'œuvre d'un
peintre personnellement nerveux, et qui a décelé sa
nervosité dans son amour des combinaisons de nuances
rares, n'a été plus exempte des préoccupations modernes. Gauguin, qui résulte plus de M. Renoir qu'on
ne le croirait, est allé jusqu'à Tahiti pour trouver une
telle sensation de primitivité; M. Renoir l'avait en
lui-même.

Il a créé « la femme nue de Renoir » ; cette expression éveille une image définie. Et ce mélange de japo-
nisme, d'orientalisme, de sauvagerie et de goût
xviiie siècle, si bizarre et si attachant, est bien à lui.
C'est bien le résultat d'un esprit inquiet, avant tout
préoccupé de fuir le convenu, le savoir-faire, la norme.
et d'avoir avec sa vie des rapports immédiats. Même
dans la série de jeunes filles, l'artiste a transposé cette
préoccupation d'un type autochtone.

Ses jeunes filles d'aujourd'hui, qu'il aime coiffer de
grands chapeaux débordants de fleurs, sont d'une grâce
animale et florale. On y chercherait en vain le mys-

tère de la pensée. M. Renoir est un peintre de la joie, un assembleur de bouquets, un poète du duvet et du veloutement de la vie extérieure, un merveilleux objectif épanoui, charmant jusque dans ses erreurs, et revenons-y, l'un des tempéraments les plus français que l'art national ait constatés depuis trente ou quarante années.

Il est incroyable qu'on s'en soit si peu aperçu, particulièrement dans ces dernières années, où nous avons vu tant de gens clamer à l'égarement du goût français, et le chercher partout en se bouchant les yeux pour ne pas l'apercevoir chez quelques maîtres authentiquement nationaux, qu'ils désavouaient au profit d'académiciens sans race et sans saveur. Il y a de nombreux défauts en M. Renoir, mais il n'y en a pas un qui ne soit issu de l'éternel contingent de nos défauts, qui sont, plus qu'en tout autre pays, l'envers de nos qualités.

L'étude des nudités et des figures isolées de M. Renoir le démontre si préoccupé d'harmonies et de poétisation des types qu'il semble contradictoire d'attendre d'un tel peintre une description réaliste et psychologique de la vie contemporaine. Et cependant il y a brillamment réussi dans une série de grandes toiles qui contiennent ses chefs-d'œuvre. Et dans sa génération il est, avec Manet et Degas, le seul peintre qui ait abordé la composition et y ait fait preuve de qualités maîtresses, sachant élever l'anecdote au style. La *Musique aux Tuileries*, le *Bal de l'Opéra*, de Manet, le *Foyer de la danse,* de Degas, sont des modèles de composition vivante et intensément mouvementée dans de petites dimensions. Le *Moulin de la Galette* de M. Renoir ne le leur cède en rien. Il n'appartenait qu'à une nature aussi complexe de pouvoir à la fois s'isoler dans une pure rêverie de symphoniste de la couleur, et pénétrer aussi avant dans l'expression de la modernité sans se disloquer dans cet écart. Cette faculté est peut-être la cause de l'embarras que la critique a souvent montré devant l'œuvre de M. Renoir, comme elle l'avait montré devant celle de Manet, en n'arrivant pas à réunir le disciple de Goya et le peintre bleu et orangé de l'*Argenteuil.* La critique ne s'attache vraiment qu'aux hommes dont la direction est unique. Claude Monet, Degas, Pissarro ont progressé dans un seul sens, et on a ainsi établi sur eux des clichés commodes. Mais M. Renoir a découragé les appréciateurs par la variété de sa nature chercheuse, ils n'ont plus su où le prendre ; nous avons vu le même cas pour M. Besnard dans la génération plus récente, et il faut se reporter à la confusion extrême de la critique d'art à l'époque déjà lointaine des temps héroïques de l'impressionnisme pour s'expliquer l'indécision des jugements. Un Degas, un Monet contiennent tout entiers leurs auteurs, mais un Renoir ne contient jamais tout M. Renoir. Entre les *Baigneuses* et la *Fin de déjeuner* ou *La Loge,* il semble qu'il n'y ait aucun rapport, ni de technique, ni de style, ni de sentiment ; et cependant un même homme les a faites, et nul autre n'aurait pu les faire, ce qui est déjà la preuve qu'il y a entre elles des relations secrètes. Deux œuvres extrêmement personnelles ne sont jamais tout à fait dissemblables, parce que leur création a nécessité l'usage des facultés d'une logique supérieure, synthétique et unitaire, et c'est le fait de remonter à cette logique en partant de ces dissemblances qui constitue la tâche de la critique. Mais de telles analyses ne pouvaient être menées à bien dans de hâtifs articles de journaux, répondant à de non moins hâtives diatribes, à une époque où les articles de Zola, sympathiques à Manet, créaient un tel scandale qu'on lui adjoignait un collaborateur d'idées opposées. Elles n'ont guère pu l'être davantage dans des périodes plus récentes ; qu'on se souvienne de la protestation véhémente, des menaces de démission de certains professeurs de l'École lors de l'admission officielle du legs Caillebotte, « introduisant dans les musées des œuvres qui sont la négation même de ce qu'ils étaient chargés d'enseigner ». Il faut laisser mourir l'écho de telles violences pour pouvoir réaliser une critique impartiale avec le recul nécessaire, une critique qui dépasse la louange ou le blâme et s'élève à la compréhension exacte.

M. Renoir a pu peindre à la fois ses *Baigneuses* primitives et les êtres de notre temps, parce qu'il a recherché en eux les mêmes éléments, la caresse de la lumière, l'exubérance vitale, les sentiments primordiaux, les aspects picturaux, selon une constante faculté

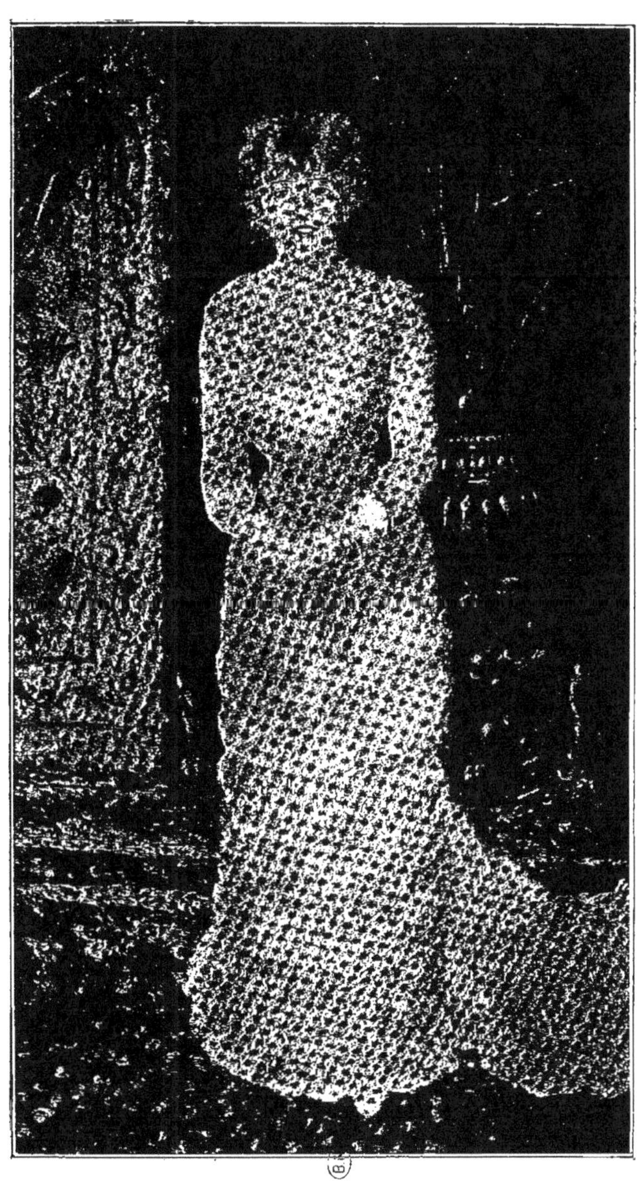

RENOIR. — Portrait de Jeanne Samary
(Collection de M. Morosoff, Moscou).

de poétisation que, dans le modernisme, il a su mêler à
l'observation journalière ; et cette intention lui est
propre. La vision réaliste de Manet n'a jamais admis la
poétisation volontaire, hormis celle qui résulte des
couleurs elles-mêmes. C'était un réaliste, un homme
extrêmement intelligent et spirituel, qui considérait la
vie sous le même angle que les Goncourt ou Zola,
plutôt avec l'acerbe finesse des uns qu'avec la puissance
assez sommairement généralisatrice de l'autre. Le *Bar
des Folies-Bergère, Argenteuil, Nana, Chez le père
Lathuile,* le *Skating,* voilà des pages détachées des
romans impressionnistes des Goncourt. C'est le même
souci de réalité aiguë rehaussée par la vision sincère,
mais malgré tout affinée, d'un aristocrate, car Manet
l'était jusqu'au bout du pinceau, et toute son œuvre
est d'une *distinction* singulière. Le coloris de Manet est
tel qu'il eût allégé, stylisé les sujets les plus lourds, tout
en restant littéral et en n'arrangeant pas. C'est par un
certain usage du noir, d'un gris qui lui est particulier
et n'emprunte rien à ceux de Velasquez et de Corot, par
une certaine accentuation magistrale qu'il a évité l'imitation du réel et en donnant l'expression. Avant d'être
le portrait d'une vulgaire verseuse devant un comptoir,
le *Bar des Folies-Bergère* est une magnifique symphonie de tonalités dorées, avec son fond de glaces
reflétant une salle illuminée de girandoles, avec la
nature morte puissante du premier plan. La griffe
léonine du maître peintre a passé par là. Manet, comme

l'ont fait les Goncourt, comme devait plus tard le faire
définitivement M. Paul Adam en quelques-uns de ses
premiers romans, a saisi le côté décoratif des lieux de
plaisir modernes, leur éclatante facticité, et n'a jamais
négligé de s'en servir, étant instinctivement fastueux.
Il recherchait le caractère dans le brillant, et n'était
pas porté au pessimisme dans le vrai. L'œuvre moderniste de Degas, au contraire, s'est tenue volontairement
dans le gris, conçue par un esprit ironiste et amer, qui
s'est complu à donner de terribles documents de laideur
et de névrose, avec une froide impartialité apparente,
n'outrant pas jusqu'à la caricature, mais au fond avec
une préférence secrètement narquoise. Même dans sa
série de danseuses, où son goût de grand coloriste,
renonçant au gris, s'est satisfait en réalisant d'admirables harmonies d'ors et de roses, il n'a pas manqué
de peindre tel qu'il est le corps de la danseuse, faisant
preuve d'une vision à la fois aussi cruellement désenchantée que celle de M. Huysmans et aussi idéaliste
que celle de Mallarmé. Et c'est cette dernière vision
qui a prévalu dans les paysages irréels, pures associa-
tions d'harmonies, que M. Degas a peints en ces dernières années.

Mais le réalisme de M. Renoir apparaît très différent
du réalisme de M. Degas, et même de celui de Manet.
M. Degas s'intéresse à son époque en critique, mais il
ne l'aime pas, il ne cherche pas à l'embellir, il la regarde
avec le sang-froid d'un physiologiste. Manet l'aime, et

lui découvre des élégances. M. Renoir la voit comme
il voit toutes choses, poétiquement. Comparons par
exemple l'esprit d'un tableau comme *Chez le Père
Lathuile* et celui du *Moulin de la Galette*. Le premier
est tout psychologique. L'homme douteux qui incline
sa tête à accroche-cœurs sur un col trop évasé pour
enjôler d'un regard la grisette indécise, c'est le portrait
vivant du Jupillon de *Germinie Lacerteux*. Cette tête
restera comme un document absolu sur le bellâtre de
bas étage tel qu'il fut sous le second Empire. Mais il
est vrai, et non chargé. M. Degas en eût fait l'image
même des vices et de l'effronterie proxénétique en y
synthétisant les traits de vingt alphonses. Dans le
public du bal du *Moulin de la Galette*, il y a certainement des individus qui ne valent pas mieux, et des
filles professionnelles, le lieu n'ayant jamais été plus
innocent qu'il ne l'est aujourd'hui. Mais M. Renoir,
s'il a vu ce côté du sujet, ne l'a pas exprimé. Ses
danseurs et ses danseuses sont vrais par l'attitude,
mais leurs masques sont populaciers et joyeux sans
déceler aucun sentiment d'amertume ou d'ironie chez
l'artiste. Il n'est pas venu là en psychologue, en romancier, il y est venu en peintre. Et ce qu'il a vu, c'est
l'ensemble de ce jardin où s'ébat la gaîté des dimanches
de Paris, c'est le demi-jour troué par les flèches du
soleil qui étincellent au milieu des feuillages et touchent
les troncs d'arbres, les tables, les globes de porcelaine,
les corps, le sol, les visages, c'est le grand tournoiement

de cette foule bigarrée emportée dans le rythme des valses, c'est la couleur, le tapage, les rires, les cris, les chocs des verres, l'atmosphère chaleureuse, le poème de vitalité, d'allégresse et de jeunesse de ces êtres libérés pour un jour de l'atelier, des soucis, des maladies et des querelles, le poème que Gustave Charpentier devait symphoniser plus tard. Et la vision du peintre des *Baigneuses* reparaît, malgré tout, dans la grâce exquise de la grisette du premier plan, dans l'arabesque des lignes, dans l'eurythmie admirable de la composition, dans la diaprure des taches de soleil qui éblouissent lorsqu'on s'approche du tableau. Entrons dans la salle du musée du Luxembourg, allons droit à lui : nous savons déjà dès le seuil qu'il y a là un chant de la lumière, un hymne de joie, et le poète a transfiguré le vrai. Est-il bien sûr que ces chapeaux de paille d'or, où scintille la clarté verticale, ne vaillent pas plus que les cinquante sous de la réalité ? Ces vestons bleus, les a-t-on achetés tout faits pour dix-neuf francs dans quelque magasin populaire, ne sont-ce pas plutôt des saphirs caressés de reflets de turquoise adoucie ? Une robe de grisette est bien de cette forme et de cette étoffe, mais est-elle aussi délicieuse que cela ? Nous ne nous en étions pas aperçus : il y a de la magie dans ce réalisme-là, et le visionnaire qui est entré dans le bal n'avait pas les préoccupations de Manet ou des Goncourt, et ne venait pas étudier, comme Degas, les stigmates de la canaille : il venait flâner avec bon-

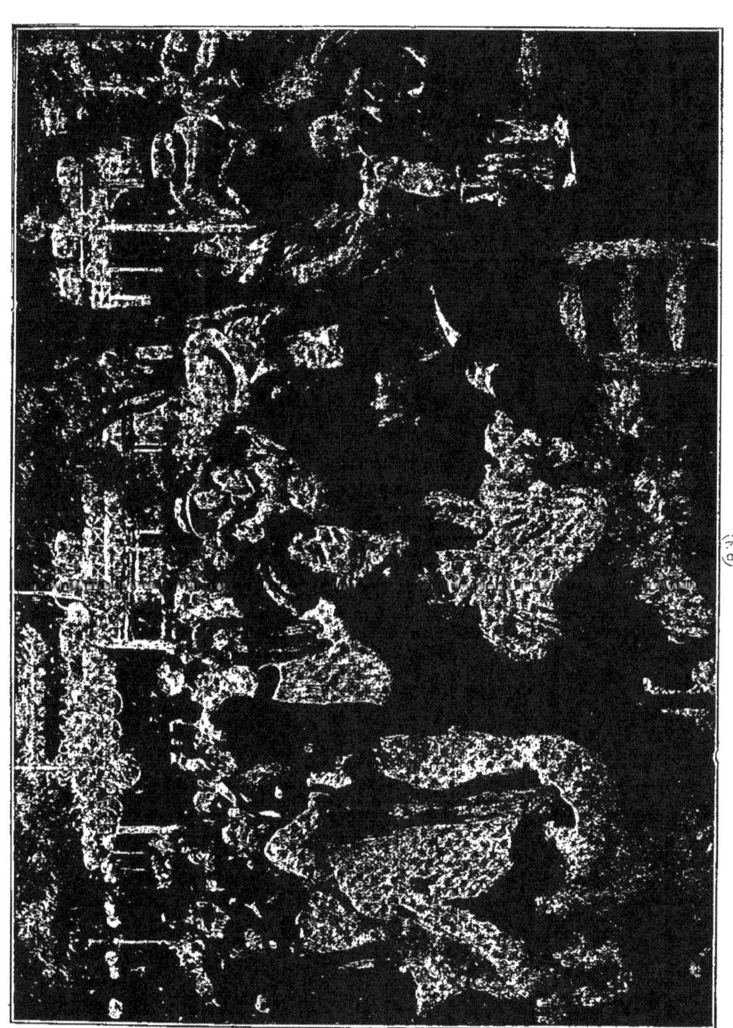

RENOIR. — LE MOULIN DE LA GALETTE
(Musée du Luxembourg).

homie, poursuivant son rêve intérieur, trouvant la vie
bonne, le soleil joli, la joie licite, et comme son âme
était pleine d'or, il en a un peu laissé sur tout ce qu'il
a vu.

Étudions d'autres toiles. Le *Déjeuner des Canotiers,*
voilà un sujet que nous avons vu cent fois traiter avec
des variantes, repas de noces villageoises en plein air
par exemple. Les uns y ont trouvé l'occasion de peindre
des nappes blanches dans des feuillages ensoleillés,
d'autres, d'y étudier des types populaires, et il n'y a
guère de Salon, depuis vingt-cinq ans, où nous n'ayons
trouvé deux ou trois tableaux de ce genre. Cependant,
aucun n'est analogue à celui de M. Renoir ; tous sont
de vulgaires vignettes grandies, nous ne pouvons nous
en souvenir. Lui seul a évité la banalité et haussé son
œuvre au grand style, parce que sa préoccupation symphonique est constante, parce qu'il s'est tenu à égale
distance du réalisme et de la psychologie. Cette belle
œuvre est visible à l'appartement particulier de
M. Durand-Ruel, qui a acquis les plus belles choses
des peintres dont il était autant l'ami que le marchand ;
et dans cet appartement où se groupent, en un radieux
musée, les œuvres capitales de l'impressionnisme, le
Déjeuner des Canotiers s'impose comme un grand poème
de bonheur, de jeunesse joyeuse, de bruyante vivacité,
immensément éloigné de l'anecdote et pourtant scru-
puleusement vrai dans les détails. Il n'y a pas là un
geste qui soit convenu ou ennobli, pas une recherche

de faux arrangement ; c'est par la magnificence de la couleur, par la richesse de la pâte, par la maîtrise de l'exécution, par le charme pictural que la scène moderniste s'élève au rang de la grande peinture. Quel éclat moelleux, quel voluptueux écrasement de palette, quelle verve et quelle sûreté dans cette table encombrée d'argenterie et de cristaux, quelle trouvaille de grâce palpitante que celle de la jeune femme qui soulève jusque devant sa rieuse figure la tête ébouriffée de son petit chien ! On n'a rien peint de plus libre, de plus naturel, de plus français !

Si nous en venons aux *Petites filles au piano*, figurant au Luxembourg et dont il existe une réplique que nous estimons être meilleure, nous trouverons encore la tendance caractéristique de M. Renoir, et cette fois un mélange de ses divers procédés. Le dessin en est à la fois maladroit et gracieux ; tout s'y sacrifie au mouvement, et l'arrangement de la fillette assise, jouant avec une attention qui la force à une moue ravissante, et de son amie penchée sur elle, est ce qu'on peut voir de plus joli, de plus enfantinement exact, malgré des gaucheries qui vont dans le sens même de la composition. On dirait souvent, et cette toile en est un exemple curieux, que les faiblesses de dessin de l'artiste, qui a donné vingt preuves d'un dessin superbe, sont le résultat de sa fantaisie, préoccupée de la couleur avant tout ; il est à remarquer que ses imperfections ne nuisent jamais à ses valeurs, et au contraire en accentuent l'impression

d'ensemble. Jamais par exemple il ne dessinera trop
sèchement un nu de coloris blond et gras, jamais il ne
contrariera par un dessin trop flou l'aspect d'un être
gracile : ses défauts, qu'un académique taxerait de
manque de savoir, sont tous issus de l'exagération du
caractère général de l'œuvre, et de la détermination de
sacrifier le dessin anatomique au dessin du mouvement.
Cela se sent dans les *Petites filles au piano*. Quant à
leur coloris, il est étrange. Il se joue dans des harmonies presque fausses, le piano est de palissandre veiné,
violacé et presque groseille, les tons groseille, citron,
vert acide et rose turc se répètent dans tout le tableau,
les cheveux de la fillette assise sont d'or jaune, l'ameu-
blement du salon à demi démasqué au fond par une
tenture est d'un orientalisme quasi criard. L'ensemble
donne l'impression de bonbons, de crèmes, de nougats
et de pralines, et cependant, par une véritable gageure
du capricieux coloriste, rien de tout cela n'est fade.
Ces tons, dont chacun isolément est écœurant, s'asso-
cient autour des fillettes avec une mièvrerie appropriée
à leur babil, à leurs moues, à leurs rubans, à leur âme.
L'aspect laineux de ces couleurs de tapisserie achève
de faire de ce tableau une œuvre singulière, qui ne peut
que ravir ou exaspérer selon l'optique des spectateurs.
Je sais des amateurs d'art à qui cette harmonie de châle
versicolore, verte, jaune et lie-de-vin, donne une sensation insupportable, et à d'autres elle plaît. M. Renoir
y est fréquemment revenu dans ses récentes études de

fillettes, peut-être parce qu'elle est terriblement difficile à combiner, et peut-être surtout parce qu'il l'aime.

La Loge est d'un charme et d'un style moins français,
et d'une exécution très supérieure. On songe, disions-
nous, au faire de Reynolds. La figure somptueuse, pâle
et attentive de la femme fait penser au grand maître
anglais : celle-là, exceptionnellement chez M. Renoir,
est mystérieuse. Le collier sur la chair, la guimpe de
dentelles, la main, sont des miracles de science et de
goût qu'on ne dépassera pas. M. Sargent, M. Besnard,
n'ont rien fait depuis qui soit plus fort. Quant à
l'homme en habit assis au fond, son gilet blanc, le noir
de son frac, sa main gantée de blanc suffiraient à la
gloire d'un peintre. Et nous trouvons naturel qu'il élève
à ses yeux sa lorgnette : on n'imagine pas le scandale
qu'a causé ce geste entre tous normal d'un monsieur
dans une loge. Cacher un visage derrière une lorgnette
a été — l'avenir en sourira — une audace impardon-
nable. J'ai entendu dire par un vieux peintre, chargé
de médailles et d'ans, que si l'artiste avait ainsi dérobé
la face de son personnage, c'était parce qu'il ne savait
pas la peindre. Je crois que ce brave homme n'avait
lui-même pas assez de connaissances en dessin pour se
rendre compte que dessiner une tête est infiniment
plus facile que de placer une lorgnette devant elle, en
donnant à l'objet sa valeur exacte, en l'enchâssant juste
où il faut, en laissant voir le reste de la tête, en ren-
dant le geste compréhensible et en l'harmonisant à

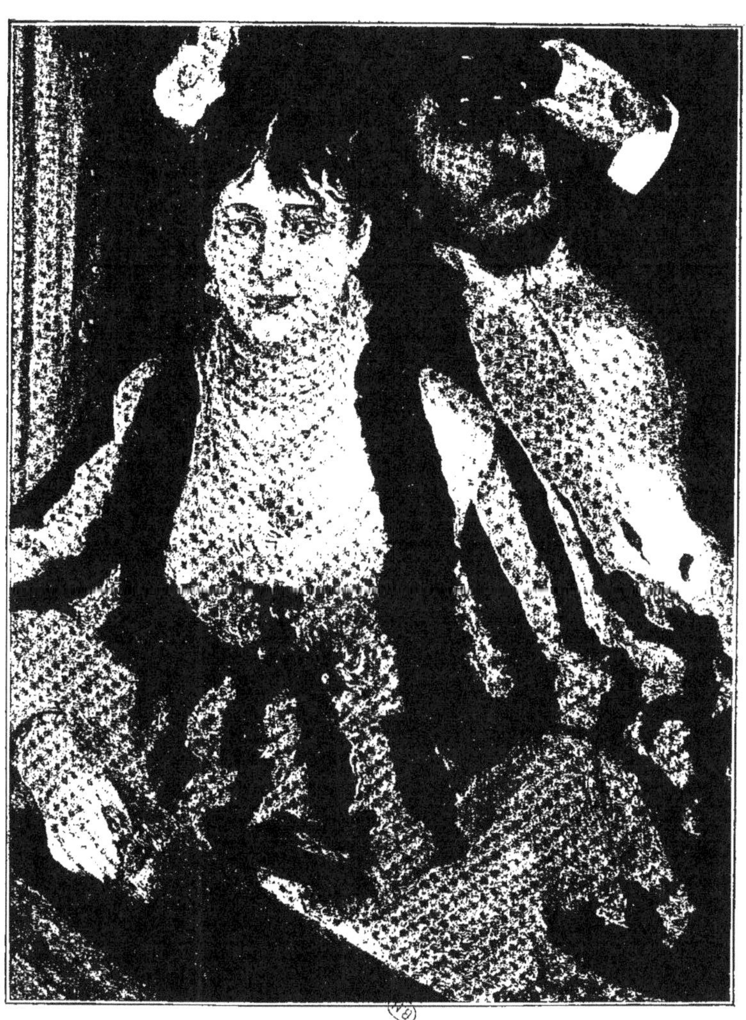

RENOIR. — Une Loge au théâtre
(Collection de M. Durand-Ruel, Paris).

l'ensemble de la toile. Mais on en a dit bien d'autres à
Manet. *La Loge,* conçue dans une harmonie sourde,
dans une pénombre chaleureuse, est une œuvre d'élégance quintessenciée et de haut style, d'une distinction
absolument stricte, significative de toute une classe,
évocatrice de tout un aspect de la mondanité du second
Empire.

Il faut enfin en venir à des toiles qui révèlent un
Renoir intimiste, comme la *Femme endormie tenant un
chat,* comme le *Premier pas,* comme diverses études
d'enfants, comme la *Terrasse,* les deux panneaux de la
Danse. La *Femme endormie* est une paysanne au tablier
bleu, aux bas rayés s'enchâssant de sabots. Un grossier
chapeau de paille ombrage sa tête vermeille, ses bras
sont nus, sa gorge découverte se soulève puissamment.
Elle dort avec une conviction naïve, et le chat pom-
melé qu'elle tient en son giron dort selon le même
rythme. En cette œuvre encore se décèlent toutes les
qualités de sincérité de M. Renoir, et son réalisme
poétisé qui est réel par le parfait naturel de l'attitude,
poétique par la délicate transposition des bleus, des
roses, par la singularité des harmonies tendres. Ces
bleus de camaïeu, nous les avons vus chez Boucher,
chez Natoire et chez Largillière, au Louvre, et chez
Françoise Duparc dans les collections de Provence où
séduisent les ravissants tableaux de cette artiste si mal
connue. Ces roses, il ne nous manque que de les préciser « cuisse de nymphe émue » pour les reconnaître

chez Fragonard. La *Terrasse,* une des plus jolies .
choses que M. Renoir ait peintes, est d'une harmonie
plus littéralement impressionniste. Les deux enfants se
dressent sur un paysage de banlieue parisienne,
automnal, humide ; à travers les branchages dépouillés
du jardin, parmi les dernières feuilles recroquevillées,
s'entrevoit une rivière où glisse un canot. Le plus jeune
enfant n'est encore qu'un être inconscient ; l'aînée la
retient presque comme un jouet, sa rieuse figure aux
yeux fatigués contient déjà toute la divination de la vie
féminine, et l'harmonie cerise de son corsage et de son
chapeau chante vivement dans la grisaille dorée de
l'automne.

Le *Premier pas,* exécuté dans la manière multicolore
et papillotante à laquelle le maître est souvent revenu,
est sa toile maîtresse dans les études d'enfants. Il
montre la jeune mère sérieuse et le bambin s'agitant
au bout de ses bras, retroussé, avançant une jambe nue
qui hésite : toile charmante et fraîche, d'une coloration
heureuse, d'un profond naturel, et qui prouve une
fois de plus les qualités de réalisme poétisé de ce peintre
ingénu, imbu de sentiments primitifs, étranger à toute
préoccupation décadente, à toute idéologie trop complexe. Les enfants peints admirablement par Eugène
Carrière portent déjà le poids d'une pensée sombrement
sociale ; leurs crânes transparents laissent déjà voir
l'idée, le mécanisme du cerveau en formation, et ces
êtres qui cherchent à rêver vous inspirent autant de

rêves que les faces des vieillards. Les enfants peints par M. Renoir sont, comme ses baigneuses, des animaux heureux. « Excepté la candeur de l'antique animal », — comme à Baudelaire, mais combien plus spontanément ! — rien ne sourit à ce grand artiste distrait et affiné. Ses enfants s'apparentent à ceux dont une adorable série fut peinte par Berthe Morisot, par cette femme exceptionnelle, aquarelliste prestigieuse, qui comptera dans les plus admirables survivances de l'art impressionniste. Et ce n'est pas un des moindres côtés de cet art si injustement, si incompréhensiblement traité de barbare et de décadent, que ce retour aux sujets simples, que ce désaveu bien français des mythologies, des scènes romaines ou homériques, des légendes chères à l'académisme, en faveur des motifs les moins symboliques de la peinture, baigneuses, enfants, mères, anecdotes de la vie quotidienne. Monticelli, bafoué lui aussi, précurseur et contemporain de ce beau groupe, n'alla pas plus loin dans le choix de ses sujets : qu'il peignît une réunion de femmes parées dans un parc, ou des marmitons dans une cuisine, avec une noblesse égale il s'affiliait à Watteau ou à Chardin, deux noms rarement prononcés à l'École des Beaux-Arts. Et c'est pour avoir obéi à cette simplicité instinctive que M. Renoir est un grand peintre.

Assurément, il serait inique d'exclure la peinture idéologique, qui a produit des merveilles, et non moins inique de reprocher à l'impressionnisme de s'en

être désintéressé. Nous n'avons que trop éprouvé les
dangers de cette critique qui consiste à reprocher à un
mouvement de n'avoir pas eu les qualités des autres,
tout en conservant les siennes ; et nous avons abandonné l'idée d'un Beau en soi, divisé en un certain nombre de conditions–programmes, vers la totalité desquel-
les tendrait la course des candidats éclectiques. Nous
avons essayé d'envisager l'œuvre de M. Renoir en la
rapprochant par moments de celle de ses amis, et parfois aussi des ancêtres français dont il peut à bon droit
se réclamer. Il apparaît, devant son œuvre considérable,
qu'il est probablement la figure la plus représentative
d'un mouvement dont notre race peut s'enorgueillir.
Paysagiste, peintre de fleurs, de nus, d'enfants, de scènes
modernistes, de portraits, M. Renoir s'impose à la
déférence reconnaissante de son pays par l'obstination
de son labeur, par l'originalité de sa vision, par sa
réunion des dons fondamentaux de son art.

N'ayant pas désiré faire son panégyrique, nous
n'avons pas hésité à parler de ses défauts, et il serait
ridicule de feindre de penser qu'un créateur, quel
qu'il soit, en est exempt. Mais il faudrait s'entendre
sur la définition d'un défaut, et distinguer entre ceux
qui trahissent l'intention et ceux qui l'exagèrent, entre
les défaut de médiocrité et les défauts de surabondance.
M. Renoir, en tous cas, ne présente que ces derniers,
et ils les partage avec tous les impressionnistes. Le critiquer revient à critiquer l'impressionnisme lui-même.

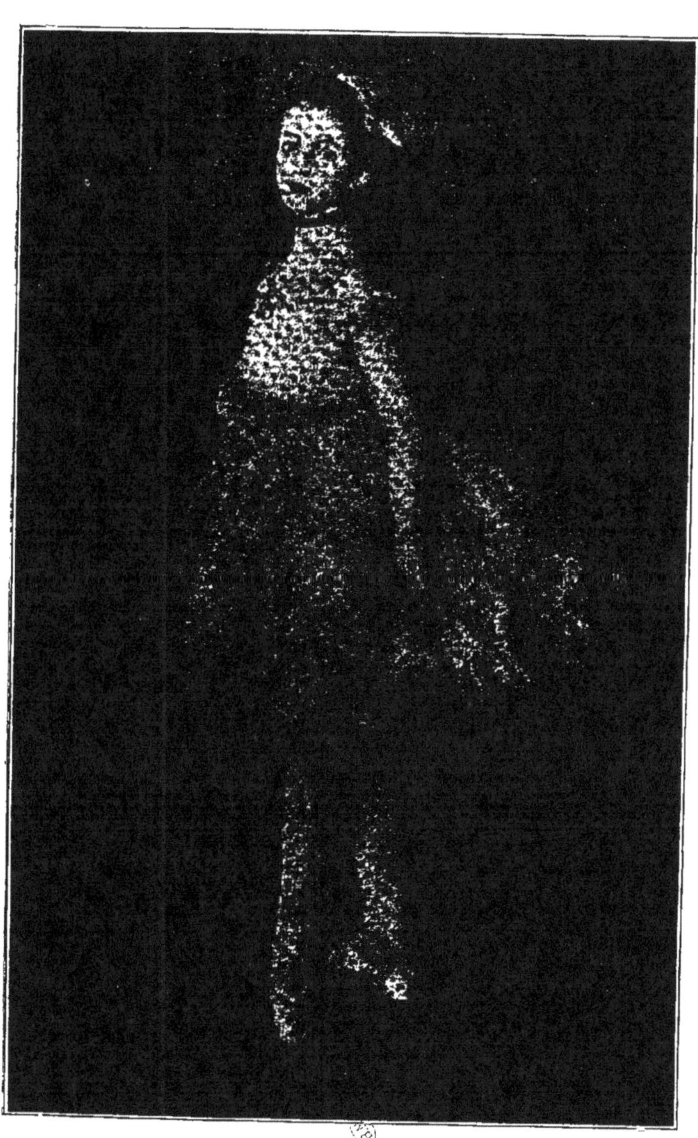

RENOIR. — Danseuse.

J'ai eu à prononcer plusieurs fois dans cette étude le nom de Mallarmé. Et en effet M. Renoir a été très proche de certains côtés de cet inimitable esprit, aussi mal apprécié que lui-même. C'est, pour ceux qui ont connu et aimé l'auteur de l'*Après-midi d'un faune*, dont les nymphes sont « des Renoir », une vérité absolue que sa profonde filiation aux maîtres les plus intimement français, que son goût passionné pour le xviiiᵉ siècle, pour un panthéisme riant et ingénu, auprès des rêveries métaphysiques, des harmonies hégéliennes qui sollicitaient sa pensée d'esthéticien. Les *Baigneuses* de M. Renoir errent dans certains poèmes de Mallarmé, comme les danseuses de M. Degas aux rythmes de certaines de ses phrases, et à mesure que les prétendues obscurités de Mallarmé se dissolvent à la lumière d'une critique impartiale, revenue des injustices d'antan, on comprend pourquoi ce poète mystérieux a été, autant que Zola et plus que les Goncourt, l'ami et le défenseur des impressionnistes. Aux écrivains de la nouvelle génération, Manet apparaît un peu dur, un peu brusque, un peu immédiat, un peu trop peintre de morceaux, dépourvu de mystère et de charme, réaliste excessivement pour leur désir, étroitement uni à son temps et à ses amis littéraires. Degas les effraye et les chagrine par sa vision ironiste, par son amère et impitoyable analyse de satiriste. Monet les éblouit, mais peut-être commencent-ils à penser que sa magnificence est trop évidente, qu'on voit trop comment il

reconstitue les mirages qu'il a saisis. C'est donc plutôt
à M. Renoir qu'il garderont une tendresse, parce qu'il
est lyrique, parce qu'il voltige sur toutes choses, parce
qu'il est multiforme et subtil. Il y a dans M. Renoir
des morceaux aussi beaux que dans les autres. Quelques-uns de ses paysages, notamment la *Serre,* sont
d'une couleur aussi belle, d'une facture aussi originale, d'une harmonie aussi riche que ceux de Claude
Monet. Ses nus sont aussi magistralement peints que
ceux de Manet, et plus amoureux. N'atteignant pas à
la science du dessin qu'on trouve en ceux de Degas,
ils ont une grâce et un éclat que ceux-ci n'ont jamais
connus. Si ses rares portraits d'hommes pâlissent devant les portraits de Degas et de Manet, encore que le
portrait de Claude Monet soit une très belle chose, ses
effigies de femmes ont une distinction, un charme que
Manet n'a guère égalés que dans celui d'Éva Gonzalès;
encore le portait de Jeanne Samary est-il d'une souplesse, d'un velouté, d'une féminité chatoyante et at-
tendrie que Manet n'eut point. Des compositions
comme *La Loge,* le *Déjeuner des Canotiers* et le *Moulin de la Galette* valent les plus belles compositions de
Manet et de Degas, sinon au point de vue de l'observation intense des types, du moins au point de vue de
la composition elle-même, de l'ordonnance, de l'imprévu dans les groupements. Et les fleurs peintes par
M. Renoir, ces fleurs peu connues relativement, sont
au nombre des plus belles qu'on puisse voir. Les

inégalités de l'artiste sont peut-être plus frappantes que celles des autres impressionnistes. Improvisateur, instinctif, nerveux, fantaisiste, il est plus exposé à se tromper à fond ; il est moins réfléchi que Manet, lequel était fort prudent au milieu de ses audaces, et surtout moins que M. Degas, dont il est, croyons-nous, impossible de citer un mauvais morceau, et qui est la logique même. M. Renoir a fait de mauvaises choses. Il est Français, léger, brillant, il se laisse entraîner ; mais c'est tout autre chose qu'un virtuose, c'est un artiste profondément sincère et scrupuleux.

La race parle en lui. Il est inexplicable qu'un tel coloriste n'ait pas plu à tout le monde, n'ait pas rencontré le succès foudroyant, étant voluptueux, clair, heureux, souple et savant sans lourdeur. Il ne faut attribuer les réserves faites sur ce succédané de Boucher et de Fragonard par des gens qui protestaient au nom de la France qu'à des questions d'école et de date, à des chocs en retour de la polémique, et aussi à la silencieuse dignité d'une existence de poète doucement dédaigneux de l'opinion et ne faisant attention qu'à la peinture, son grand et son unique amour. Manet a été un batailleur, un novateur et un combatif dont les œuvres ont fait scandale dans les salons, dont on craignait les mots, et dont toute la nature était celle d'un chef d'école. La critique indépendante est allée chercher Claude Monet dans ses paysages. Degas s'est enfermé, pessimiste et hautain,

et parce qu'il fermait sa porte et ne voulait pas qu'on
s'occupât de lui, la rumeur publique, jalouse des solitaires, a voulu le connaître. M. Renoir ne s'est ni montré
ni caché ; il a peint selon son rêve, épanoui le sourire
de ses œuvres, sans mêler son nom ni sa personne au
vaste tumulte qui s'élevait autour de ses amis. On n'a
pensé ni à l'exalter ni à l'ensevelir. Et à présent, à cause
sans doute de cela, son œuvre apparaît plus fraîche, plus
jeune, ne traînant pas après elle des commentaires, des
sarcasmes, des polémiques célèbres, elle reflète le soleil,
elle s'impose à notre admiration, candide, primitive,
animale, rieuse et nue, comme une de ses baigneuses.

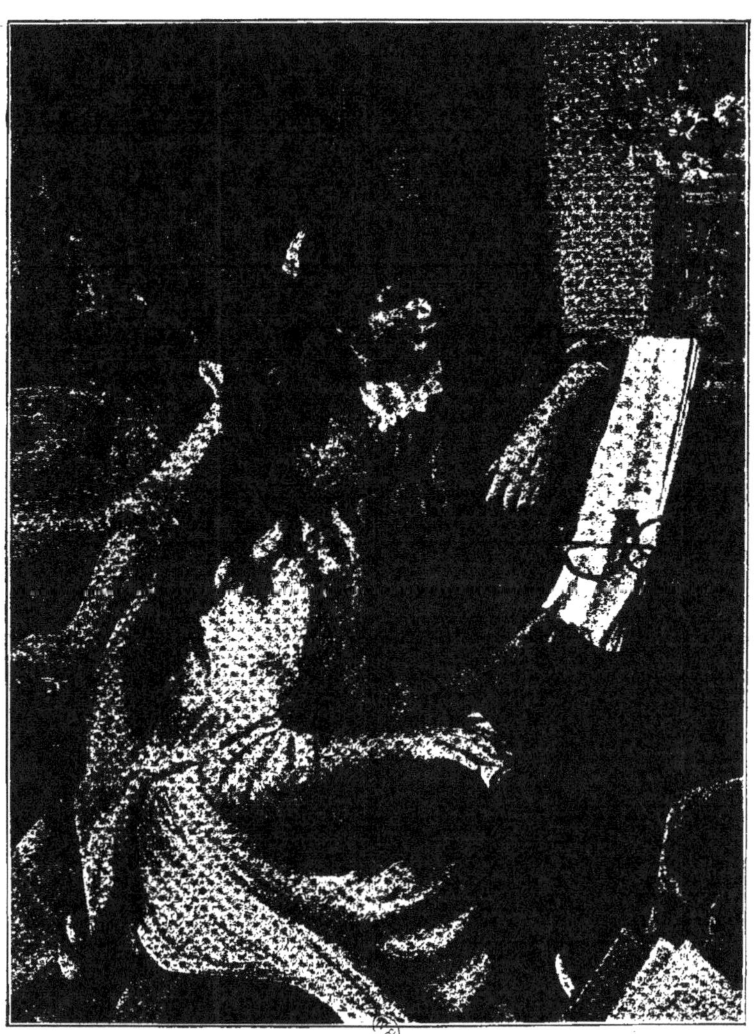

RENOIR. — Au Piano
(Musée du Luxembourg).

VII

LES ARTISTES SECONDAIRES DE L'IMPRESSION-
NISME : CAMILLE PISSARRO, ALFRED SISLEY,
PAUL CÉZANNE, BERTHE MORISOT, MISS
MARY CASSATT, GUSTAVE CAILLEBOTTE,
ALBERT LEBOURG, EUGÈNE BOUDIN.

VII

Avec Manet, Degas, Monet et Renoir se présentera
devant l'histoire de la peinture un glorieux quatuor de
maîtres. Il nous faut maintenant en venir à quelques
personnalités écloses auprès des leurs, et qui, sans être
aussi grandes, n'offrent pas moins une riche et belle
série d'œuvres.

De ces personnalités, la plus considérable est certainement celle de Camille Pissarro (1). Il peignait
selon de sages formules un peu timides lorsque l'exemple de Manet le rallia à l'impressionnisme auquel il
est resté fidèle. Pissarro a énormément produit. Son
œuvre se compose de paysages, de scènes paysannes, et
d'études de rues et de marchés. Ses premiers paysages
sont dans la manière de Corot, mais baignés d'une
coloration blonde: vastes champs de blé, bois ensoleillés, ciels aux grands nuages floconneux, lumières
douces, ce sont les motifs de toiles charmantes, d'une
solide qualité classique. Plus tard, l'artiste adopta le
procédé de la dissociation des tons, et en tira d'heu-

(1) Né à Saint-Thomas, Indes-Occidentales, le 10 juillet 1830 ; mort
à Paris, le 13 novembre 1903.

reux effets. Ses scènes de moissons, de marchés, sont lumineuses et vivantes. Les figures y rappellent celles de Millet : elles témoignent de hautes qualités d'observation sincère, elles sont d'un homme qui aime profondément la vie rustique. Pissarro excellait à grouper les êtres, à saisir avec justesse leurs attitudes, à rendre le bariolage d'une foule au soleil. Certains éventails notamment resteront de délicieux caprices de couleur fraîche : mais il ne faut pas chercher en cette peinture séduisante, vivante et claire, des dons psychologiques, le sentiment profond des grandes silhouettes, l'intuition de l'âme fruste et sombre des hommes de la glèbe, qui ont fait la noble gloire de Millet. A l'époque où, vers 1885, les néo-impressionnistes que nous étudierons plus loin inventèrent le procédé pointilliste, Pissarro l'essaya, et en fit des applications judicieuses.

Il peignit surtout à cette époque et dans cette technique des toiles d'une harmonie douce, verte et bleuâtre, avec la légère humidité transparente de la campagne de France, spécialement de cette Normandie qu'il aimait, qu'il habitait et dont il a exquisement compris l'atmosphère. Peu d'éclats de couleur dans son œuvre : une entente délicate, un sentiment intimiste en font tout le prix. La composition est sage ; on s'étonne de voir à quelles discussions a donné lieu cet art paisible, exempt de truculence et de bizarrerie, sincère et simple dans la présentation et l'exécution au point de paraître plutôt un peu monotone et atténué

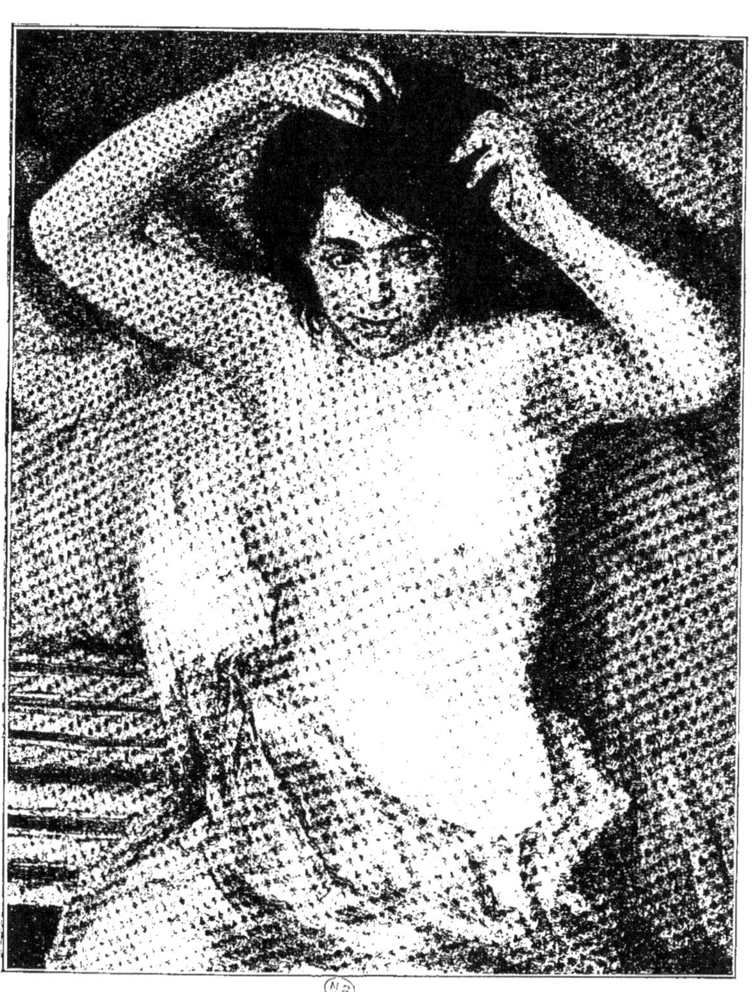

RENOIR. — Buste de femme.

que révolutionnaire. De tous les impressionnistes, Pissarro est celui qui a eu le sentiment le plus vif du style familier dans le paysage : une maisonnette, un verger lui suffisent, sans déranger, comme Monet, l'orchestration étincelante de la lumière.

Récemment, dans une série de toiles représentant des vues de Paris (les boulevards, l'avenue de l'Opéra), prises d'étages supérieurs, Pissarro a fait preuve d'une vision et d'une science rares, et peut-être signé ses plus belles et plus personnelles peintures. Les perspectives, les éclairages, les tonalités des maisons, des foules, les reflets de pluie ou de soleil sont d'une intense vérité, et on y sent l'atmosphère, le charme et l'âme de Paris. On peut dire de Pissarro qu'il ne lui a manqué aucun don de son état : c'était un artiste savant, fécond et probe. Mais il lui a manqué l'originalité ; il rappelle toujours ceux qu'il a admirés, et dont il a appliqué les idées avec hardiesse et avec goût. Il est probable que sa nature scrupuleuse n'a pas peu contribué à le maintenir au second plan. Incapable certes de pasticher volontairement, cet excellent et laborieux peintre n'a pas eu les illuminations de génie de ses amis : mais tout ce que l'étude consciencieuse, le désir du vrai, l'amour d'un art peuvent donner à un homme, Pissarro l'a acquis. Le reste ne dépendait que du destin. Il n'y a pas de caractère plus respectable et d'effort plus méritoire que les siens, et la preuve de son désintéressement et de sa modestie se montrent bien dans ce fait qu'ayant déjà trente ans de travaux derrière lui, un nom honoré et des cheveux blancs, Pissarro n'hésita pas à adopter la technique des jeunes peintres pointillistes, ses cadets, tout ingénument, parce qu'elle lui semblait meilleure que la sienne. Il reste, sinon un grand peintre, du moins un des plus intéressants paysagistes rustiques de notre époque, avec une vision paysannesque qui est bien à lui, et un mélange harmonieux de classicisme et d'impressionnisme qui assurera à son œuvre un rang des plus honorables.

Il y a eu dans le paysagiste Alfred Sisley (1) peut-être plus de personnalité originale. Il posséda, au plus haut degré, le sens de la lumière, et s'il n'eut pas la puissance, la magistrale fougue de Claude Monet, du moins méritera-t-il souvent d'être placé auprès de lui dans l'expression de certaines combinaisons de la lumière. Il n'eut pas le sens décoratif qui rend si imposants les paysages de Monet, on ne voit pas dans son œuvre cette surprenante interprétation lyrique qui sait dire le drame des flots en fureur, le sommeil lourd des énormes masses de rochers, l'intense torpeur du soleil sur la mer. Mais en tout ce qui concerne les aspects adoucis de l'Ile-de-France, les paysages doux et frais, Sisley n'est pas indigne d'être comparé à Monet. Il l'égale en de nombreux tableaux, il a une pareille finesse de perception, une pareille verve dans l'exécu-

(1) Né à Paris le 30 octobre 1839, mort à Moret le 30 janvier 1899.

tion. C'est le peintre des grandes rivières bleues se courbant vers l'horizon, des vergers fleuris, des collines claires où s'étagent des hameaux aux toits rouges, c'est, surtout, le peintre des ciels français, qu'il exprime avec une vivacité et une souplesse admirables. Il a le sens des transparences de l'atmosphère, et s'il s'apparente étroitement à l'impressionnisme par sa technique, on sent très bien qu'il peignit avec spontanéité et que cette technique se trouvait adaptée à sa nature sans qu'il eût cherché à se l'approprier par désir de nouveauté. Sisley a notamment peint une série de toiles dans le curieux village de Moret, au seuil de la forêt de Fontainebleau, où il est mort, et ces toiles compteront parmi les plus charmants paysages de notre époque. Sisley était un vétéran de l'impressionnisme. A l'exposition de 1900, dans les deux salles réservées aux œuvres de cette école, on pouvait voir une douzaine de toiles de Sisley : auprès des plus beaux Renoir, Monet et Manet, elles gardaient leur charme et leur éclat avec une singulière saveur, et ce fut, pour beaucoup de critiques, la révélation du vrai rang de cet artiste qu'ils avaient jusqu'alors considéré comme un joli coloriste d'une importance relative.

Paul Cézanne (1), inconnu du public, est apprécié par un petit groupe d'amateurs. C'est un artiste qui vit en Provence, loin de tout : il passe pour avoir servi de

(1) Né en 1839.

modèle au peintre impressionniste Claude Lantier étudié par Émile Zola dans le célèbre roman *L'Œuvre*. Cézanne a peint des paysages, des scènes paysannes et des natures mortes. Ses figures sont gauches et d'une couleur brutale et inharmonieuse, mais ses paysages valent par une robuste simplicité de vision. Ce sont presque des tableaux de primitif, et ils sont aimés des jeunes impressionnistes à cause de leur exclusion de tout ce qui est habile : on trouve un charme de simplicité rude et de sincérité à ces œuvres où Cézanne emploie juste ce qui est indispensable à rendre son désir. Les natures mortes surtout sont intéressantes par l'éclat net de leurs couleurs, par la franchise des tonalités, par l'originalité de certaines nuances analogues à celles de la faïence ancienne. Cézanne est un peintre sans adresse, consciencieux, qui s'attache intensément à rendre ce qu'il voit, et qui a quelquefois trouvé la beauté dans cette forte et tenace attention. Il fait plutôt penser à un vieil artisan gothique qu'à un moderne, et il est reposant à voir comme contraste à l'étourdissante virtuosité de tant de peintres.

Berthe Morisot (1) restera la figure la plus captivante de l'impressionnisme, celle qui aura le mieux précisé la féminité de cet art lumineux et chatoyant. Devenue la femme d'Eugène Manet, le frère du grand peintre, elle exposa aux diverses galeries particulières, où l'on

(1) 1841-1895.

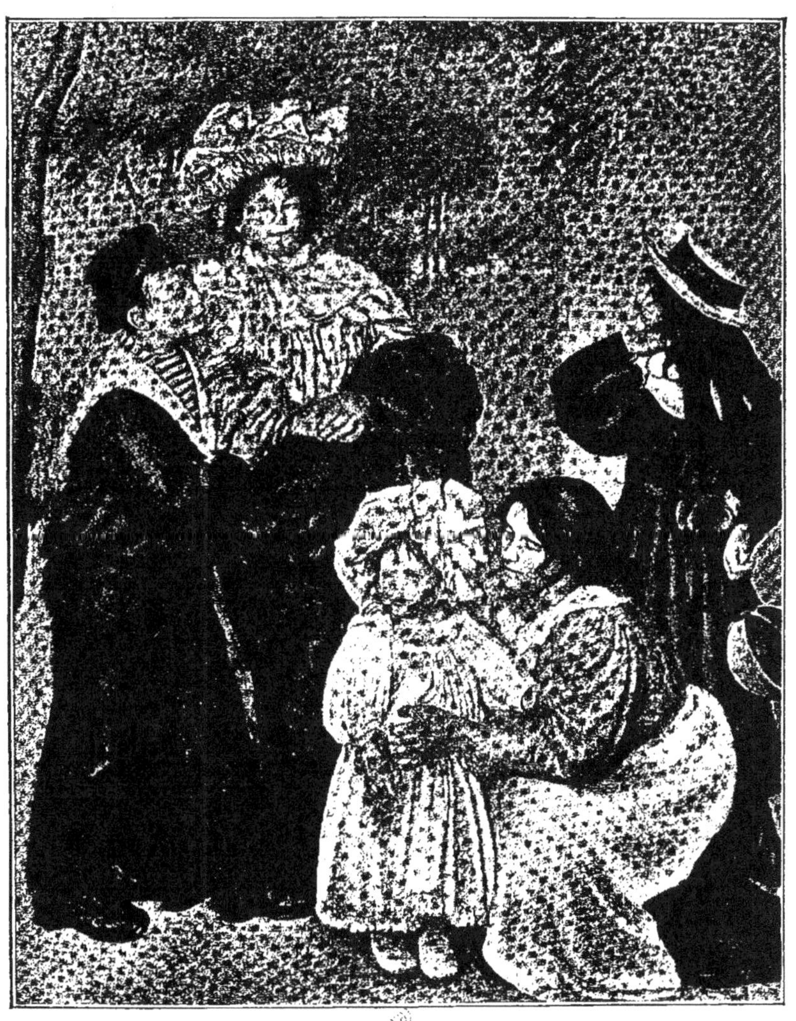

RENOIR. — La Famille de l'artiste

(Appartient à l'artiste).

put voir les œuvres des premiers impressionnistes, et devint aussi célèbre par son talent que par sa beauté. Lorsque Manet mourut, elle prit soin de sa mémoire et de son œuvre, et elle contribua, avec toute son intelligence énergique, à leur valoir leur juste et définitive estimation. Mme Eugène Manet a été certainement un des plus beaux types de femmes françaises de la fin du XIXe siècle. Lorsqu'elle mourut, prématurément, elle laissait une œuvre considérable. Ce sont des jardins, des jeunes filles, des marines, des natures mortes, des aquarelles d'un goût raffiné, d'une verve surprenante, d'un coloris aussi distingué qu'imprévu. Arrière-petite fille de Fragonard, Berthe Morisot (car il faut lui conserver ce nom dont elle signa toujours par respect pour le beau nom de Manet) semblait avoir hérité de son illustre aïeul la grâce française, l'élégance vive, la sveltesse, l'improvisation savante dans la spontanéité. Elle se ressentit de l'influence de Corot, de Manet et de Renoir. Toute son œuvre est baignée de clartés, d'azur, de soleil ; c'est bien l'œuvre d'une femme, mais avec une vigueur et une franchise de touche, une originalité qu'on n'en eût pas attendues. Les aquarelles surtout sont d'un art supérieur : quelques notes colorées y suffisent à évoquer le ciel, la mer, un fond de forêt, et tout y est d'une sûreté magistrale, d'une fantaisie moderniste qui n'a pas d'analogue en notre temps. Une série d'œuvres de Berthe Morisot semble véritablement un bouquet, dont l'éclat est moins dû aux colorations relativement douces, grises et bleues, qu'à la justesse absolue des valeurs. Cent toiles, et peut-être trois cents aquarelles, attestent ce talent de premier ordre. Plages normandes aux ciels de perle, aux horizons de turquoise, jardins de Nice étincelants, vergers pleins de fruits, fillettes en robes blanches avec de grands chapeaux fleuris, jeunes femmes en robes de bal, fleurs, ce sont les thèmes favoris de cette artiste qui fut la véritable muse de l'impressionnisme, l'amie de Renoir, de Degas, de Mallarmé.

Miss Mary Cassatt méritera d'être placée auprès d'elle. Américaine, elle s'est faite Française par son assidue participation aux expositions des impressionnistes. Elle est l'un des très rares peintres que Degas ait conseillés, avec Forain et M. Ernest Rouart. (Celui-ci, lui-même peintre et fils du peintre et riche collectionneur Henri Rouart, a épousé la fille de Mme Eugène Manet, qui peint également.) Miss Cassatt s'est spécialisée dans l'étude des enfants, et elle est peut-être l'artiste de ce temps qui les a le plus originalement compris et exprimés. Elle est une pastelliste considérable, et certains de ses pastels valent des Manet et des Degas par la large exécution, l'éclat et la finesse des tonalités. Il y a dix ans, Miss Cassatt exposa une série de dix eaux-fortes en couleurs représentant des scènes de mères et d'enfants à la toilette : à cette époque, ce genre était presque délaissé, et Miss Cassatt étonna par son audace qui en affrontait les plus réelles difficultés. On doit goûter dans les peintures de cette artiste, outre les hautes qualités de solide dessin, de valeurs justes et de savante interprétation des chairs et des étoffes, un profond sentiment de la vie enfantine, des gestes puérils, des regards clairs et inconscients, des expressions aimantes des mères. C'est une œuvre qui captive par ce grand charme de vérité, par cette vision franche, par ce choix de sujets heureux. Miss Cassatt est le peintre et le psychologue des babys et des jeunes mères, qu'elle se plaît à représenter dans un frais décor de vergers ou sur les fonds d'étoffes fleuries des cabinets de toilette, parmi les linges aux clartés vives, les tubs, les porcelaines, dans l'intimité riante. Nous joindrons à ces deux femmes remarquables une autre artiste, Éva Gonzalès, qui fut l'élève favorite de Manet, qui en a peint un beau portrait. Éva Gonzalès devint la femme de l'excellent graveur Henri Guérard, et mourut prématurément en 1883, pas assez tôt pourtant pour qu'on n'ait pu admirer son talent de pastelliste aux délicatesses exquises. D'abord élève de Chaplin, elle eut vite oublié les mièvreries de ce dernier pour acquérir, sur les conseils de Manet, les qualités de netteté et de force du puissant peintre d'*Argenteuil,* et elle eût certainement pris une des premières places dans l'art moderne, si la mort n'avait arrêté sa carrière. Un petit pastel au musée du Luxembourg atteste les meilleures de ses qualités de coloriste.

Gustave Caillebotte fut un ami de la première heure

pour les impressionnistes. Il était riche, amoureux
d'art, et lui-même un peintre de grande valeur, qui
s'effaça derrière ses camarades. Son tableau, *Les raboteurs de parquets,* attira jadis sur lui les railleries.
Aujourd'hui cette œuvre, au Musée du Luxembourg,
semble bien peu faite pour prétexter tant de polémiques,
mais à cette époque, on considérait comme une folie ce
que nos yeux trouvent tout naturel. Ce tableau est une
étude de perspectives obliques, et son curieux ensemble
de lignes montantes suffit à exciter l'étonnement. C'est
d'ailleurs une œuvre de couleur grise et discrète, avec
des qualités de fine lumière, mais en somme sans grand
intérêt. Récemment une exposition d'œuvres de Caillebotte a permis de voir que cet amateur était un
peintre méconnu : il y avait là notamment de [belles
natures mortes. Mais le nom de Caillebotte ne devait
décidément parvenir au public que dans des conditions
de polémique et de scandale. Lorsqu'il mourut, il légua
à l'État une magnifique collection d'objets d'art et de
tableaux anciens, et aussi une collection d'œuvres im
pressionnistes, en stipulant que ces deux legs seraient
inséparables. Il désirait par ce moyen imposer les
œuvres de ses amis aux musées, et les venger ainsi du
délaissement injuste. L'État accepta les deux legs, le
Louvre désirant absolument bénéficier de la partie ancienne, malgré les efforts des peintres de l'Académie
qui s'insurgèrent contre l'acceptation de la partie moderne. On vit à cette occasion jusqu'où pouvait aller la

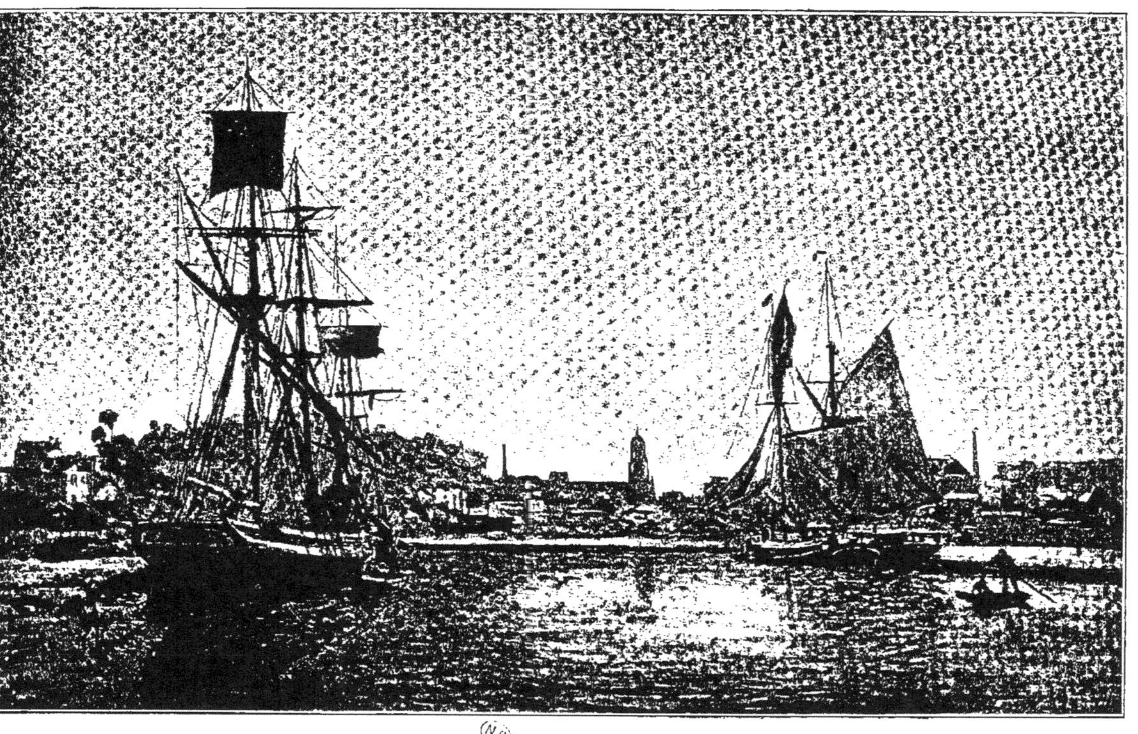

JONGKIND. — VUE DE HONFLEUR.

haine des artistes officiels contre les impressionnistes. Un groupe d'académiciens, professeurs à l'École des Beaux-Arts, menacèrent le ministre de démissionner en masse. « Nous ne pouvons, écrivirent-ils aux journaux, continuer à enseigner un art dont nous croyons connaître les lois, du moment que l'État admettra dans ses musées, où nos élèves pourront les voir, des œuvres qui sont la négation même de ce que nous enseignons. » Une discussion passionnée s'ensuivit dans la presse, et le ministre déclara avec esprit que l'impressionnisme, bon ou mauvais, s'était imposé à l'attention du public, et que le devoir de l'État était d'accueillir impartialement les ouvrages représentant tous les mouvements d'art : le public saurait juger et choisir, le rôle du gouvernement n'était pas de l'influencer en ne lui montrant qu'une certaine peinture, mais de rester dans la neutralité historique. Grâce à cette réponse adroite, les académiciens, dont le plus acharné était M. Gérôme, se résignèrent à garder leurs postes. Un pareil incident, moins violent publiquement mais tout aussi étrange, s'était produit lors de l'admission par le Musée du Luxembourg du portrait de la mère de Whistler, chef-d'œuvre qui en est aujourd'hui l'orgueil, et qu'un groupe d'écrivains et d'amateurs réussit à imposer. On a peine à s'imaginer le degré d'irritation et d'obstruction des peintres officiels envers toutes les idées de la peinture nouvelle, et, si cela n'avait dépendu que d'eux, sans aucun doute Manet et ses amis seraient morts dans une totale obscurité, non seulement bannis des Salons et des musées, mais encore traités de fous et mis dans l'impossibilité de vivre de leur travail.

La collection Caillebotte fut installée dans des conditions que du moins la mauvaise volonté administrative fit le plus déplorables que possible. Force fut au conservateur d'entasser les œuvres dans une petite salle mal éclairée, où il est absolument impossible de les voir avec le recul que nécessite le procédé de la dissociation des tons, et la mesquinerie de l'opposition fut telle, que les toiles ayant été léguées sans cadres, le musée, dit-on, fut obligé d'en emprunter aux réserves du Louvre, parce qu'on refusait les crédits nécessaires pour en acheter. La collection reste cependant belle et intéressante. Elle ne représente pas l'impressionnisme dans tout son éclat, parce que les œuvres qui la composent avaient été achetées par Caillebotte à une époque où ses amis étaient encore loin d'être arrivés à l'épanouissement de leurs qualités. Mais on y trouve du moins de très belles choses. Renoir y est merveilleusement représenté par le *Moulin de la Galette,* qui est un de ses chefs-d'œuvre. Degas y compte sept beaux pastels, Monet quelques paysages de grand style ; Sisley et Pissarro seuls n'apparaissent guère à leur avantage, et enfin on regrette que Manet n'y figure qu'avec une étude en noir de sa première manière, le *Balcon* qui n'est pas de ses meilleurs tableaux, et la fameuse *Olympia* dont l'importance est plutôt historique qu'intrinsèque. Séparément a été acquise par le musée une *Jeune fille en robe de bal* de Berthe Morisot qui est une délicate merveille de grâce et de fraîcheur. Et l'on voit, à la place d'honneur du musée, le grand tableau de Fantin-Latour, *Hommage à Manet,* où le peintre, assis à son chevalet, est entouré de ses amis, et cette toile est bien l'emblème du lent triomphe de l'impressionnisme, de la réparation d'une grande injustice.

En ce tableau précisément est représenté le jeune peintre Bazille, élève et ami de Manet, qui fut tué pendant la guerre de 1870, et auquel un souvenir est dû. Il reste de lui quelques toiles où éclate le talent (1), et sans doute il eût compté parmi les plus originaux artistes contemporains. Nous terminerons cette énumération trop brève par deux remarquables paysagistes : l'un est Albert Lebourg, qui peint dans des colorations suaves et poétiques, avec des bleus et des verts d'une tendresse particulière, et qui comptera dans l'histoire de l'impressionnisme. L'autre est Eugène Boudin. Il n'a pas adopté la technique de Claude Monet: mais nous avons dit qu'il fallait comprendre sous le terme vague et inexact d'impressionnisme une réunion de peintres témoignant d'une originalité dans l'étude de la lumière, et s'éloignant de l'esprit académique. Eugène Boudin, à ce titre, mérite d'être placé au

---

(1) Notamment la *Jeune femme assise dans un paysage,* qui fit une sensation profonde à l'Exposition de 1900, et qui est un chef-d'œuvre véritable.

premier rang. Ses toiles feront l'orgueil des galeries les
mieux composées. C'est un admirable peintre de marines. Il a su exprimer les eaux grises de la Manche, les
ciels d'orage, les nuées lourdes, les effets de soleil tra-
versant facilement les temps gris, avec une maîtrise
constante. Ses nombreuses toiles faites dans le port du
Havre sont profondément expressives. Personne, mieux
que lui, n'a su dessiner des voiliers, donner le sentiment exact des carènes plongées dans l'eau, grouper
des mâts, rendre l'activité d'un port, indiquer la valeur
d'une voile sur un ciel, la fluidité de l'eau calme, la
mélancolie des lointains, le frisson des vagues courtes
frôlées par la brise. Boudin est un savant coloriste du
gris. C'est un impressionniste par son exclusion des
détails inutiles, sa compréhension des reflets, son sentiment des valeurs, par la hardiesse de sa composition,
par sa faculté de percevoir directement la nature, la
transparence de l'atmosphère ; il fait songer parfois à
Constable et à Corot. Boudin a énormément produit,
et rien de ce qu'il a fait n'est indifférent. Il est de ces
artistes qui ne connaissent pas la gloire brillante, mais
qui restent, et dont le nom, fidèlement retenu par une
élite, est assuré d'une permanence dans l'avenir (1).
On peut le considérer comme un isolé, à la limite du
classicisme et de l'impressionnisme, et c'est sans doute
la cause de l'effacement relatif de son renom. On peut

(1) Eugène Boudin naquit à Harfleur en 1824 et mourut à Deauville
le 8 juin 1898.

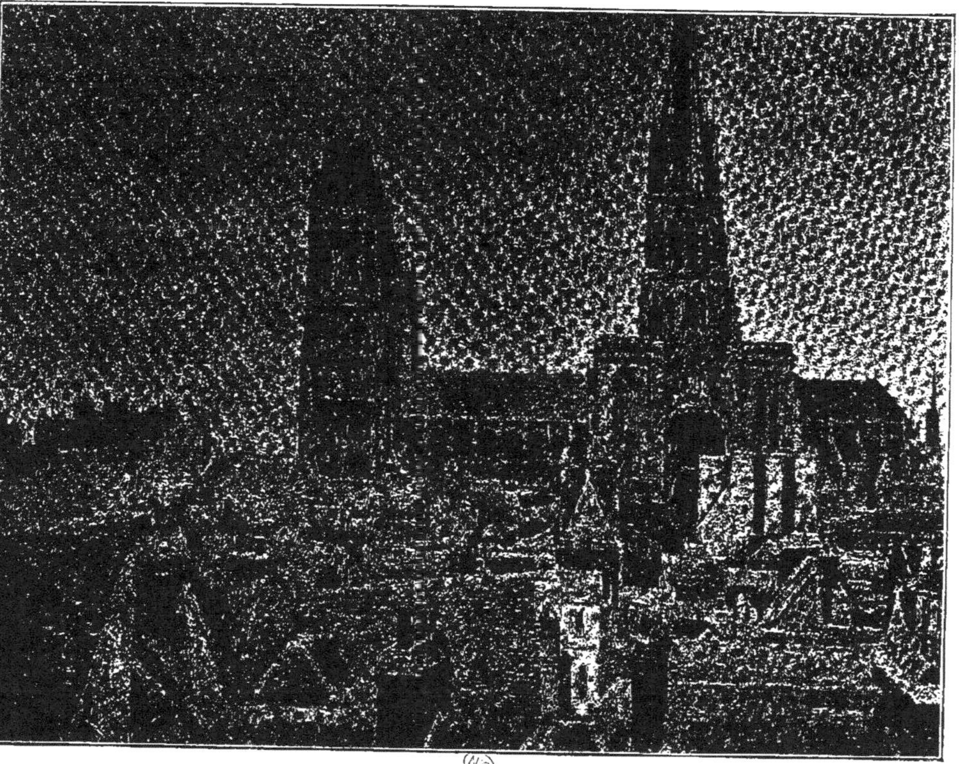

PISSARRO. — LES TOITS DU VIEUX ROUEN.

en dire autant de l'ingénieux et fin paysagiste Hervier,
qui a laissé de si intéressantes toiles, et de l'aquarelliste lyonnais Ravier, qui, presque totalement
inconnu, fut très voisin de Monticelli et témoigna de
dons admirables. Mais on ne saurait pourtant méconnaître que Boudin est plus proche de l'impressionnisme
que de tout autre groupement d'artistes, et il faut le
considérer comme un « petit maître » de la pure lignée
française. Enfin, si une question de nationalité m'empêche de dire longuement ici le rang de précurseur
qui doit être assigné au grand paysagiste hollandais
Jongkind, du moins son nom doit-il être mentionné. Ses
notations à l'aquarelle ont été pour plusieurs impressionnistes de véritables révélations, dont Claude Monet
et Berthe Morisot notamment ont profité, et qui sont
pour nombre de jeunes peintres actuels de précieuses
leçons.

Nous ne prétendrons pas avoir indiqué en ce chapitre
tous les peintres relevant directement du premier mouvement impressionniste. Nous nous sommes bornés à
énumérer les plus considérables, et chacun d'eux mé-
riterait une étude complète. Mais il nous aura suffi
d'inspirer aux amateurs d'art une juste estime pour
cette vaillante phalange d'artistes, qui ont prouvé mieux
que par tous les commentaires d'esthétique la vitalité,
l'originalité, la logique des théories de Manet, l'importance des notions qu'il a apportées dans la peinture,
et qui ont, d'autre part, clairement démontré l'inutilité

de l'enseignement officiel ; c'est à leur profonde et sincère contemplation de la nature, à leur liberté d'esprit,
qu'ils ont dû, loin des traditions et des procédés de
l'École, le meilleur de leur savoir et de leur talent.
C'est par là qu'ils compteront dans l'évolution de leur
art. Ils ont été les découvreurs fervents du terroir national, et notamment de l'Ile-de-France, les poètes de
ses doux ciels, de ses eaux vives, de ses chemins cou-
verts, de ses feuillées aux demi-jours si fins, de ses
fermes naïves et de ses coteaux fleuris. Ils ont aimé et
exprimé la terre française avec sincérité et fraîcheur. Ce
sont vraiment *nos* peintres, sans mélange d'idées pré-
conçues, de théories esthétiques. Ils ont été émus par
la campagne et se sont installés devant elle avec la volonté de restituer l'émotion toute vive : c'est pourquoi
leur art paraîtra toujours juvénile. Il n'a rien de guindé,
rien de froid, il sent la lumière et la joie, et c'est même
un des traits particuliers et uniques de l'impressionnisme que cette joie ingénue de la couleur qui, chez
les plus somptueux coloristes, chez Claude Lorrain,
chez Turner, chez Monticelli, se mêlait des préoccupations du style, de la composition décorative. On a dit
d'eux qu'ils avaient « l'esthétique de la fenêtre ouverte ».
Et cette formule dédaigneuse signifie une beauté : on
manquait d'air, dans la peinture, avant qu'ils vins-
sent — depuis eux on s'est senti respirer mieux, une
aisance charmante s'est révélée dans notre art.

VIII

Les illustrateurs modernes rattachés a l'impressionnisme : Raffaelli, Henri de Toulouse-Lautrec, J.-L. Forain, Jules Chéret, Steinlen, Louis Legrand, Paul Renouard, Auguste Lepère, Henri Rivière.

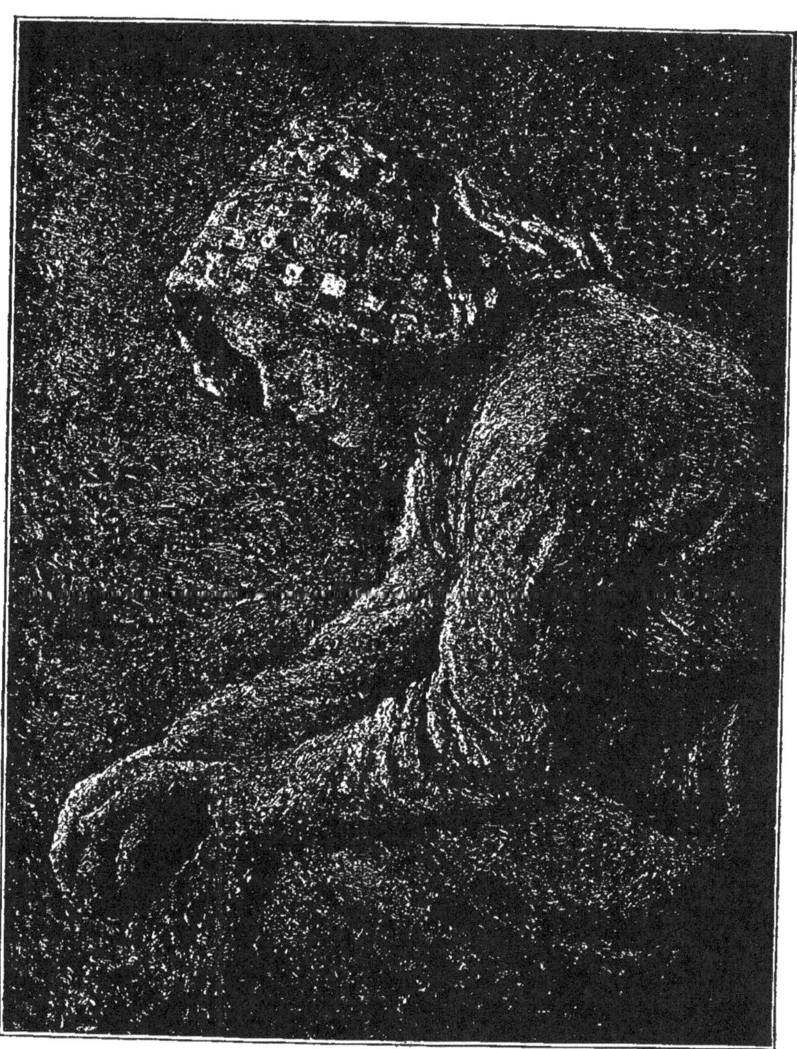

PISSARRO. — Paysanne assise

VIII

La moindre conséquence de l'impressionnisme n'aura
pas été la véritable révolution qu'il a apportée dans
l'illustration. Il était d'ailleurs naturel que ses principes
l'y conduisissent. La substitution de la beauté de caractère à la beauté de proportion devait entraîner les
artistes à envisager l'illustration d'une façon nouvelle,
et comme l'impressionnisme pictural était né du même
mouvement d'idées qui créa le roman naturaliste et la
littérature impressionniste de Flaubert, de Zola et des
Goncourt, comme il y eut relations étroites et défense
commune entre ces hommes, les idées modernistes
d'Édouard Manet s'appliquèrent rapidement au com-
mentaire des livres traitant des mœurs et décrivant les
spectacles actuels.

Les impressionnistes eux-mêmes n'ont pas contribué
à l'illustration. Leur œuvre a consisté à élever au style
de la grande peinture des sujets qui semblaient tout au
plus dignes de la proportion des vignettes, par opposition aux genres qualifiés « nobles » par l'École. On
peut considérer la série des œuvres de Manet et de
Degas comme d'admirables illustrations des romans de
Zola et des Goncourt. C'est une recherche parallèle de

la vérité psychologique moderne. Mais elle est restée
limitée aux tableaux. Il est à présumer que s'ils l'avaient
voulu, Manet et Degas eussent illustré admirablement
certains romans contemporains, et Renoir eût fait un
chef-d'œuvre en commentant par exemple les *Fêtes
Galantes* de Verlaine. On ne peut citer que les quelques
dessins composés par Manet pour le *Corbeau* d'Edgar Poë
et l'*Après-Midi d'un faune,* de Mallarmé, plus quelques
rares couvertures de mélodies sans grand intérêt.

Mais si les impressionnistes ont eux-mêmes négligé
d'apporter leur concours à la cause si intéressante de
l'illustration moderne, tout aussitôt une légion de dessinateurs se sont inspirés de leurs principes. L'un de
leurs caractères les plus originaux était certainement la
présentation réaliste des scènes, la « mise en cadre »,
et ce fut, pour ces dessinateurs, l'occasion de révolu-
tionner la librairie. La vignette avait déjà compté
d'excellents artistes avec Tony Johannot et Célestin
Nanteuil, dont on retrouve de jolis et alertes frontis-
pices dans les vieilles éditions de Balzac (1). Le génie
d'Honoré Daumier, la haute fantaisie de Gavarni et de
Grévin, avaient déjà annoncé une protestation sérieuse
du sentiment de la modernité contre le goût académique, en revenant sur bien des points à la libre tradition d'Eisen, des deux Moreau et de Debucourt. Dès
1845 le dessinateur Constantin Guys, l'ami de Baude-

---

(1). J'y ajoute hâtivement, outre l'admirable Méryon, Chifflart,
méconnu, et tels fragments de l'art inégal et parfois captivant de Doré.

laire, témoignait d'une curieuse vision d'élégance nerveuse, et d'une science expressive tout à fait conforme
aux idées actuelles, dans ses aquarelles d'une verve si
vivante. L'impressionnisme, et aussi la révélation des
estampes japonaises, donnèrent une vigueur incroyable
à ces intuitions. C'est de l'impressionnisme que dateront certaines caractéristiques. C'est à cause de lui,
par exemple, qu'on a osé employer dans l'illustration
des personnages de premier plan à moitié coupés par
la marge, des perspectives montantes, des figures d'arrière-plan semblant planer au-dessus des autres, des
gens vus d'un second étage, en un mot tout ce que la
vie présente aux yeux, sans le fâcheux souci de « style »
et d'arrangement que l'esprit académique s'obstinait à
appliquer à la figuration de la vie moderne. Degas surtout a donné l'exemple multiple de cette nouveauté
dans la composition. Un pastel de lui est resté typique
par le scandale qu'il causa : il représente une scène de
danse à l'Opéra, vue de l'orchestre. Le manche d'une
contrebasse s'élève au milieu du tableau et le coupe
d'une grande silhouette noire derrière laquelle scintillent les robes de gaze et les lumières. Cela peut se
voir tous les soirs, et cependant il serait difficile de
résumer toutes les railleries et toutes les colères que
causa une audace aussi naturelle (1). L'illustration
moderne devait en prétexter bien d'autres !

(1) Un autre pastel représente le baisser du rideau sur une fin de

Il nous faudra mentionner avant tout quatre artistes, qui sont des peintres remarquables et qui ont relevé glorieusement le nom d'illustrateur. Ce nom, méprisé par les peintres officiels, devra leur être donné comme celui qui leur a valu les meilleurs titres à la célébrité. Ils ont su lui rendre tout son mérite et tout son éclat, et transposer dans l'illustration les plus sérieuses qualités de la peinture. De ces quatre hommes, le premier en date est M. J.-F. Raffaëlli, qui débuta vers 1875 par de remarquables illustrations en couleurs, d'un pittoresque intense, dans divers magazines. Il donna une admirable série des *Types de Paris,* en album, et une suite d'eaux-fortes pour accompagner un texte de M. Huysmans décrivant la curieuse rivière de la Bièvre, qui pénètre dans Paris par mille méandres tantôt souterrains, tantôt à ciel ouvert, et qui sert aux corroyeurs pour le lavage des cuirs. Cette série est un modèle d'illustration moderne. Mais, en dehors du livre, l'œuvre picturale entière de M. Raffaëlli est une illustration humoristique et psychologique du temps présent. Il a peint les types ouvriers et les petits bourgeois, les pauvres, les malades d'hôpital, les rôdeurs de banlieue, avec une vérité et un esprit uniques. Il a su être le poète des paysages maladifs et souillés qui avoisinent les capitales, il en a rendu le charme anémique, les confuses perspectives de maisons, d'enclos, de jar-

ballet ; le rideau divise transversalement la toile et l'on ne voit que les jambes des danseuses.

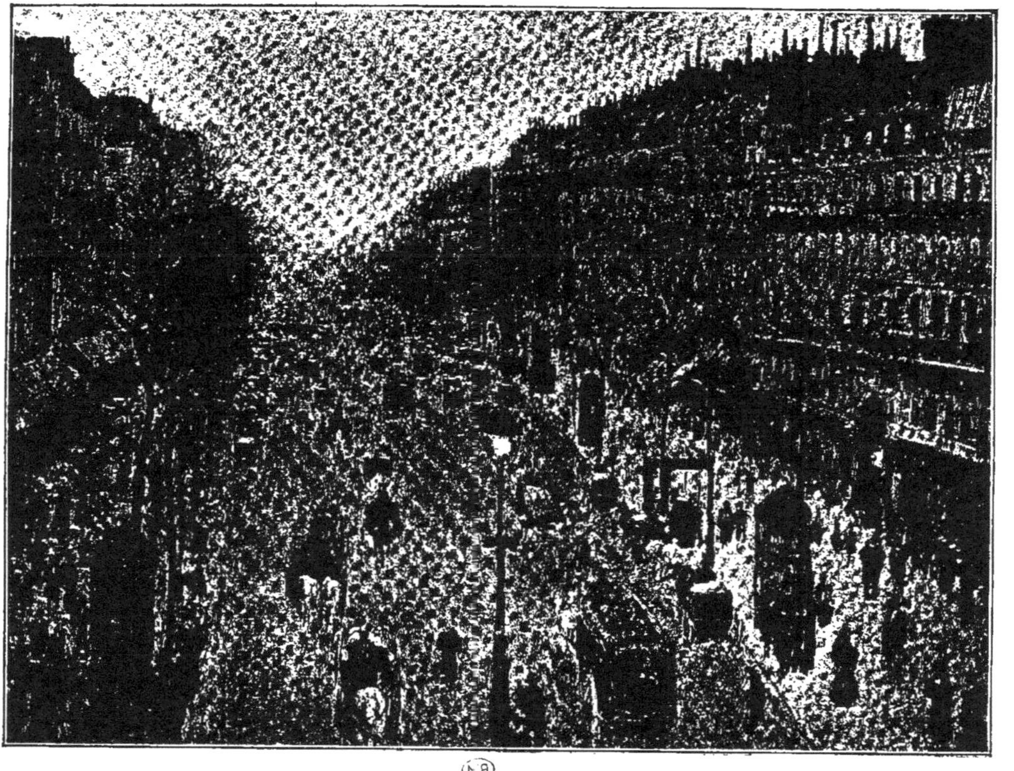

PISSARRO. — BOULEVARD MONTMARTRE, LE MATIN

(Collection de M. Durand-Ruel, Paris).

dinets et de fumées, sous la mélancolie des ciels plu-
vieux. Il a noté avec une ironie sans amertume les
gestes gauches de l'ouvrier endimanché, les silhouettes
grotesques des petits bourgeois, en réalisant une galerie
d'un intérêt sociologique très réel. M. Raffaëlli a aussi
exposé des paysages parisiens où paraissent de grandes
qualités de lumière : il excelle à rendre les matinées de
printemps avec leurs ciels de perle, leurs lumières
pâles, leur transparence, leurs ombres légères, et enfin
il a prouvé sa maîtrise par de grands portraits aux
harmonies fraîches, généralement consacrées à l'étude
du blanc de diverses qualités. Si le nom d'impressionniste désignait, comme on l'a faussement cru, un
artiste qui se borne à donner l'impression de ce qu'il
voit, M. Raffaëlli serait le véritable impressionniste. Il
suggère plutôt qu'il ne peint. Il use d'une technique
curieuse : il laisse souvent un ciel complètement nu,
en jetant sur le blanc de la toile quelques notes de
couleur qui suffisent à donner l'illusion. Il affectionne
le blanc et le noir, et peint très légèrement, par petites
touches. C'est un peintre excellent, par le sentiment
très juste qu'il a des valeurs, mais ce qui l'intéresse
avant tout, c'est l'expression psychologique. Il la note
d'un pinceau si hâtif qu'on dirait presque qu'il écrit
avec la couleur. C'est aussi un aquafortiste de grand
mérite, et un sculpteur original. Il se préoccupe avec
talent de rénover le matériel même de la peinture.
C'est un ingénieux artiste et un producteur abondant,

un observateur narquois, mais bienveillant de la vie des petites gens, ce qui ne l'a pas empêché de peindre très sérieusement lorsqu'il l'a voulu, comme le témoigne entre autres un très beau portrait de M. Clémenceau parlant dans une réunion publique, en présence d'une salle vociférante où se dressent une centaine de têtes dont les expressions sont notées avec une verve et un emportement superbes.

Henri de Toulouse-Lautrec, mort fou récemment, laisse une œuvre importante. Il eut une sorte de génie cruel. Descendant d'une des plus grandes familles de France, disgracié par la nature qui fit de lui une sorte de nain souffreteux, il sembla prendre un plaisir amer dans l'étude du vice moderne. Il peignit des scènes de cafés-concerts, des intérieurs de filles, avec une intense vérité : personne n'a mieux que lui révélé les tares et les tristesses de la créature dite « de plaisir » par une navrante ironie des choses. Lautrec a montré la facti-cité des visages fardés, la vulgarité des types de courtisanes sorties du peuple, les gestes canailles, le désordre, l'incurie des intérieurs de ces femmes, tout l'envers de leur existence. On a dit qu'il aimait la laideur : à la vérité, il n'exagérait pas, il accusait avec puissance tout ce qu'il voyait. Mais sa terrible clairvoyance passait pour caricaturale. Ce psychologue triste fut un grand peintre : il se plaisait à parer de robes roses les plus grossières et les plus vulgaires créatures, qu'il peignait telles qu'on les trouve dans les cabarets et concerts, et il s'amusait du contraste des nuances fraîches et des visages usés par le vice et la pauvreté. Les deux grandes influences de Lautrec ont été les Japonais et Degas. Des uns il retint le sens de l'arabesque décorative, l'imprévu des groupements, de l'autre le dessin savant, expressif dans la large simplification, et on peut dire que souvent l'élève a été digne des maîtres. On peut regretter que Lautrec ait borné sa vision et ses hautes facultés à l'étude d'un petit monde parisien très spécial ; mais on ne peut, en voyant ses œuvres, contester la science, l'esprit, la grande allure de son art. Il a signé aussi quelques belles affiches, notamment un *Bruant* qui est un chef-d'œuvre du genre.

On trouvera encore la profonde influence de Degas chez J.-L. Forain, qui s'est fait connaître par une immense série de dessins dans les feuilles illustrées, dessins aussi remarquables par eux-mêmes que par leurs légendes, d'un esprit amèrement satirique. Ces dessins composent une synthèse à la fois amusante et grave des défauts de la bourgeoisie : ils concernent aussi, mais moins heureusement, le monde politique où l'artiste, un peu grisé par son succès, a cru pouvoir exercer une influence en bafouant le régime parlementaire. Le dessin de Forain est d'une nervosité qui n'empêche pas la science : chacun des traits est révélateur, et d'une puissance étonnante. Forain est aussi un peintre de grand talent. Dans sa peinture, moins connue, on trouve plus nettement encore le style et l'influence de son maître Degas. Ce sont généralement des scènes de coulisses et de restaurants de nuit, où des types caricaturaux sont peints avec force. Mais ils sont chargés avec insistance, ils n'ont pas la mesure, la vraisemblance ironique et discrète qui donne tant de saveur, tant de prix aux études de Degas. Néanmoins les tableaux de Forain sont des œuvres très significatives et d'un réel intérêt. C'est assurément le dessinateur de journaux le plus intéressant de toute sa génération, celui dont l'art éphémère se rapproche le plus de la grande peinture, et l'un de ceux qui ont le plus contribué à la transformation de l'illustration dans la presse contemporaine.

Jules Chéret s'est fait dans l'art contemporain une place large et splendide. Il commença par être ouvrier lithographe, et vécut longtemps à Londres. Vers 1870, Chéret fit ses premières affiches en noir, blanc et rouge : c'étaient alors les seules couleurs employées. Peu à peu il perfectionna cet art, trouva le moyen d'adjoindre d'autres tons et de les tirer sur la pierre lithographique. Il revint en France, fonda un petit atelier, et progressivement il porta l'art de l'affiche au degré admirable où il est parvenu. En même temps Chéret dessinait et peignait, composait lui-même ses modèles. Vers 1885 son nom devint célèbre, et il n'a cessé de grandir. Quelques écrivains, notamment l'éminent critique Roger Marx et le romancier Huysmans, saluèrent en Chéret un grand artiste original, autant qu'un savant technicien. Il exposa dès lors des peintures décoratives, des pastels et des dessins qui le placèrent au premier rang. Chéret est universellement connu.

On n'oubliera pas le type de Parisienne qu'il a créé, l'harmonie multicolore de ses œuvres. Il aura la gloire d'avoir inventé de toutes pièces l'affiche artistique, cette fête des yeux, cet art de la rue si captivant, qui jadis languissait dans une maussade et terne présentation de réclames commerciales. Il a été le promoteur d'un immense mouvement, on l'a imité, copié, parodié, mais il demeurera inimitable. Il est parvenu à réaliser sur du papier, avec les procédés de la lithographie, les pastels et les gouaches où sa fantaisie de coloriste éblouissant, mêlait les nuances les plus difficiles. On trouve en Chéret tous les principes de l'impressionnisme, lumières contrariées, ombres colorées, reflets complémentaires, employés avec une magistrale sûreté et un charme délicieux. C'est l'impressionnisme décoratif, compris supérieurement, et ce simple faiseur d'affiches, dédaigné par les peintres, s'est montré l'égal des plus grands : il a fait de la rue, sous la pleine lumière, le véritable Salon où ses œuvres ont connu la gloire. Lorsque ce trop modeste artiste se décida à montrer des tableaux et des dessins, ce fut une révélation. Les plus remarquables pastellistes de l'époque, étonnés, admirèrent sa science, sa connaissance profonde de la technique, les tours de force incessants qu'il dissimulait sous une grâce chatoyante.

On eut le bon sens de lui confier quelques grandes décorations murales (1), où il déploya la gamme de ses couleurs étincelantes, où il affirma son esprit, sa fantaisie, son art de rêve. Les harmonies de Chéret restent des secrets : il les applique à l'expression de personnages de la comédie italienne, jetés avec une verve endiablée sur un fond de ciel enflammé par les feux de Bengale d'un carnaval féérique, et il mêle curieusement la réalité des mouvements à la fantaisie la plus arbitraire. Chéret a su prouver aussi, par une belle série de sanguines, sa filiation savante : il vient Watteau, de Boucher et de Fragonard, c'est un pur français de race, et lorsqu'on a fini d'admirer la grâce et l'animation heureuse de son imagination, on reste étonné de voir sur quelle technique sérieuse et sûre s'appuient ces décorations qui semblent improvisées. L'art de Chéret est le sourire de l'impressionnisme, et la meilleure démonstration de la logique décorative de cet art.

Voilà donc quatre artistes de haut mérite qui ont créé la transition entre la peinture et l'illustration impressionnistes ; il conviendrait de mettre à part Toulouse-Lautrec, qui fut beaucoup plus jeune, mais son œuvre se rattache trop directement à celle de Degas pour qu'on tienne compte de la différence d'âge. Il a produit, de 1887 à 1900, une œuvre qui eût pu s'anti-

(1) M. le baron Vitta, notamment, pour une villa à Evian, et l'Hôtel de Ville de Paris, pour une salle.

dater de quinze ans. Nous étudierons au prochain chapitre ses camarade du néo-impressionnisme, et nous
parlerons maintenant de quelques illustrateurs plus
âgés que lui. Le plus ancien en date est le graveur
Henri Guérard, mort il y a cinq ans. Il avait épousé
Éva Gonzalès et fut l'ami de Manet, dont il a gravé
beaucoup d'œuvres. C'était un artiste de talent incisif
et original, qui s'adonna aussi avec succès à la pyro-
gravure, et s'influença heureusement de l'estampe ja-
ponaise : ses eaux-fortes méritent une place d'élite aux
cartons des bons collectionneurs, elles sont vigoureuses
et larges. Le graveur Félix Buhot fut, lui, plutôt
délicat, un coloriste du blanc et du noir : ses scènes de
Paris resteront des œuvres charmantes. On rattachera
à l'impressionnisme le peintre, aquarelliste et dessinateur Daniel Vierge, malgré son origine espagnole. Ses
illustrations sont d'un grand artiste, d'une fougue,
d'une couleur, d'une vie admirables, et les grands
principes de l'impressionnisme y sont réalisés. Mais
voici quatre autre autres illustrateurs de premier
ordre : Steinlen, Louis Legrand, Paul Renouard et Auguste Lepère.

Steinlen a produit énormément : il est surtout remarquable par ses illustrations. Celles qu'il a faites
pour le volume de chansons *Dans la rue*, d'Aristide
Bruant, resteront comme un chef-d'œuvre. On y trouve
des trésors d'observation amère, d'esprit, de curiosité
et de savoir : l'âme du bas peuple y frémit avec une

intense vérité, une âpre révolte, une philosophie compréhensive. Steinlen a aussi fait de belles affiches, des pastels agréables, des lithographies d'un mérite technique incontestable, et des dessins politiques d'une belle éloquence. On ne peut pas dire qu'il soit impressionniste au sens exact : il colorie par teintes plates, plutôt comme un faiseur d'estampes que comme un peintre, mais en lui aussi pourtant on sent la marque de Degas, et il est un de ceux qui montrent le mieux que, sans l'impressionnisme, ils n'eussent pu être ce qu'ils sont.

On peut en dire autant de Louis Legrand, élève de Félicien Rops, aquafortiste d'une science admirable, dessinateur à la vision aiguë, peintre d'un caractère curieux, ayant devancé sur bien des points les artistes d'aujourd'hui. Louis Legrand montre également à quel point l'exemple de Manet et de Degas a révolutionné l'illustration, en affranchissant les peintres des lois surannées, en les guidant vers la vérité, la franche étude psychologique. Legrand est tout plein d'eux sans leur ressembler : n'oublions pas qu'auprès de l'innovation technique (division des tons, étude des complémentaires), l'apport de l'impressionnisme est la nouveauté de la composition, le réalisme du caractère, la grande liberté de sujets. En ce sens Rops lui-même ne saurait être classé dans aucun autre groupe, malgré ses tendances symboliques, si du moins tout classement, en art, n'était inutile et inexact. Quoi qu'il en soit,

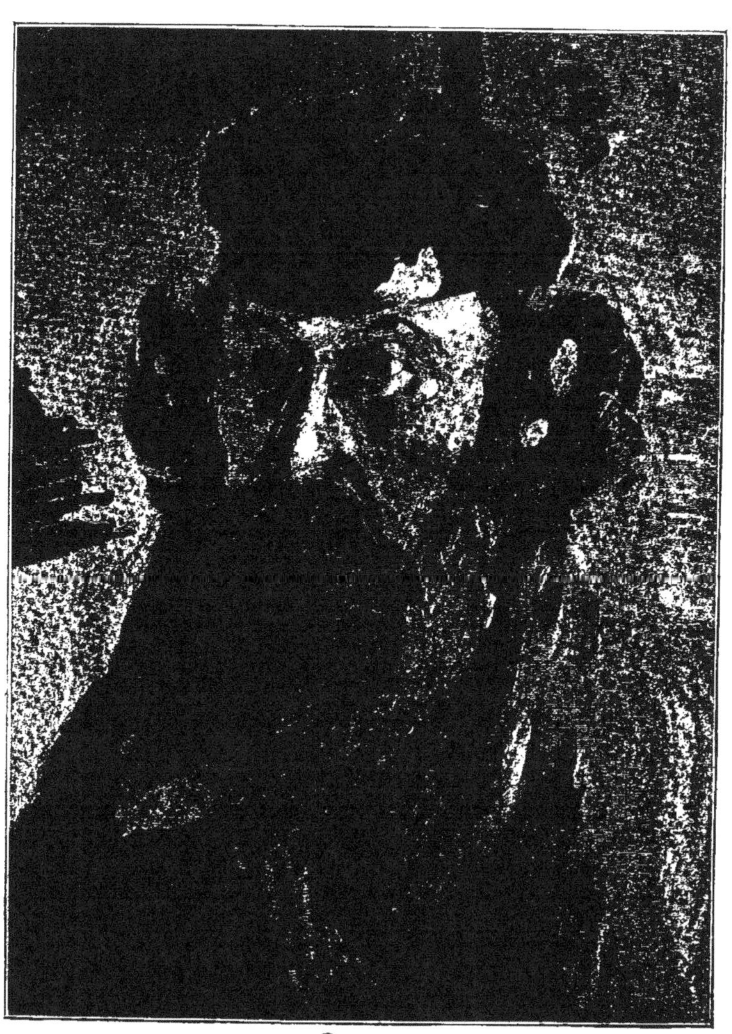

CEZANNE. — Portrait d'homme.

Louis Legrand a signé des volumes où brillent les plus séduisantes qualités.

Paul Renouard s'en est tenu à illustrer des journaux, mais avec quelle surprenante dépense d'esprit et de savoir, les lecteurs du *Graphic* le savent. Ce magistral virtuose du crayon pourrait donner des leçons de dessin à bien des membres de l'Institut ! Sens de la vie des foules, psychologie des types, spirituelle et rapide notation, étonnante aisance à se jouer des difficultés, ce sont là les dons qu'on ne peut lui dénier. Et il nous faut encore reconnaître en Renouard l'exemple de Degas et de Manet. Son exceptionnelle fécondité ne fait que donner plus d'autorité à son crayon : les dessins de Renouard sur l'exposition de 1900 étaient peut-être plus beaux que le reste de son œuvre. Il y avait notamment une série d'études faites de la première plate-forme de la Tour Eiffel où s'accumulaient des prodiges de perspectives, encadrant des scènes d'une vie et d'un caprice faits pour stupéfier.

Enfin, Auguste Lepère est le Debucourt de notre temps. Peintre, pastelliste, graveur sur bois, depuis 1870 il produit, et s'est conquis la première place parmi les graveurs français. On dénombrerait difficilement les volumes, albums, couvertures où s'est jouée la fantaisie de son burin : mais c'est surtout dans la gravure sur bois qu'il est sans rival. Non seulement il en a tiré des chefs-d'œuvre, mais encore il s'est passionnément consacré à relever cet art admirable, honneur des beaux livres de jadis, et à lui rendre un éclat que les procédés mécaniques avaient éclipsé. Lepère a fondé des publications dans ce but, il a formé des élèves de grand mérite, et il faut le considérer comme le maître de toute la génération des graveurs sur bois modernes, comme Chéret est le maître incontesté de l'affiche. La qualité maîtresse de Lepère, c'est la puissance. Il semble avoir retrouvé les secrets des imagiers du moyen âge pour entailler le bois, donner la profondeur nécessaire aux encrages, créer toute une gamme de demi-teintes, et surtout inféoder étroitement le dessin à la typographie, en faire pour ainsi dire l'ornement et la prolongation décorative. Lepère est un graveur sur bois auquel on ne pourrait comparer personne de ce temps ; comme imaginatif, c'est un artiste tout à fait curieux. Il excelle à composer, à exprimer la vie, l'animation, l'âme des rues, le pittoresque populaire : en cela il est très inspiré de Manet, puis, en remontant à la tradition véritable, de Guys, de Debucourt, de Moreau le jeune, et de Gabriel de Saint-Aubin. C'est bien un réaliste de la lignée française, ne devant rien à l'académisme et à ses formules.

Évidemment on ne saurait avec raison rattacher à l'impressionnisme tout ce qui est anti-académique, et il y a place entre ces deux situations pour une foule d'artistes intéressants : nous ne tomberons pas dans le préjugé de l'École en déclarant à notre tour qu'en dehors de l'impressionnisme il n'est point de salut, et

nous avons pris soin de dire à plusieurs reprises que
si l'impressionnisme a pour noyau central un certain
nombre de principes, ses applications et son influence
sont d'un rayonnement très difficile à limiter. Ce qui
reste absolument démontrable, c'est que ce mouvement
a eu l'influence la plus grande sur l'illustration
moderne, tantôt par sa couleur, tantôt simplement
par la grande liberté de ses idées. Les uns y ont trouvé
une leçon directe, d'autres un exemple à suivre : les
uns y ont rencontré la technique qui leur plaisait, les
autres y ont simplement pris quelques parties. C'est le
cas par exemple de Legrand, de Steinlen, de Renouard,
c'est encore le cas du lithographe Odilon Redon, qui
applique les valeurs de Manet et, dans ses étranges
pastels, les harmonies de Degas et de Renoir, en les
mettant au service de rêves, d'hallucinations, de symbolismes absolument éloignés du réalisme de ces
peintres. C'est, enfin, le cas de l'aquarelliste Henri
Rivière qui, relativement à son mérite, est méconnu,
et qui est un des applicateurs les plus parfaits des idées
impressionnistes à l'estampe décorative. Il a réalisé
des images en couleurs destinées à orner à bon marché
les intérieurs populaires, et qui retracent les grands
aspects de paysages avec une simplification large qui
tient à la fois, par une singulière rencontre, des larges
paysages décoratifs de Puvis de Chavannes et des
minutieuses estampes japonaises. Rivière, qui est un
savant et personnel paysagiste poétique, n'est pas pré-

cisément un impressionniste, en ce sens qu'il ne dissocie pas les tonalités mais les fond plutôt en des mélanges subtils à la manière des Japonais. Pourtant on ne peut, devant son œuvre, s'empêcher de penser à tout ce que l'impressionnisme a apporté d'imprévu et de libre dans l'art moderne.

Tout le monde, même les ignorants, peut s'apercevoir, en feuilletant un journal illustré ou un volume moderne, que l'on ne connaissait pas, il y a trente ans, cette façon de placer les personnages, de noter des gestes familiers, de saisir la vie fugitive avec esprit et netteté ; cette foule de gravures, de croquis, ne ressemble en rien à ce qu'on faisait jadis. Elle n'a plus ces airs solennels de compositions classiques qu'affectaient les dessins. Un courant de spontanéité hardie a passé par là. Dans l'illustration moderne anglaise, on constate indéniablement que rien ne serait tel qu'on le voit si Morris, Rossetti, Crane, n'avaient imposé leur vision, et cependant bien des Anglais de talent ne ressemblent que de loin à ces initiateurs. C'est exactement dans cette mesure, que nous aurons fait hommage à l'impressionnisme des talents qui se sont inspirés moins de ses principes que de sa vigoureuse protestation contre les formules poncives, et qui ont pu trouver l'énergie nécessaire à leur réussite dans l'exemple qu'il donna en luttant pendant vingt années contre des idées de routine, qui semblaient indestructibles. Même chez des peintres éloignés de la vision et du coloris de Manet

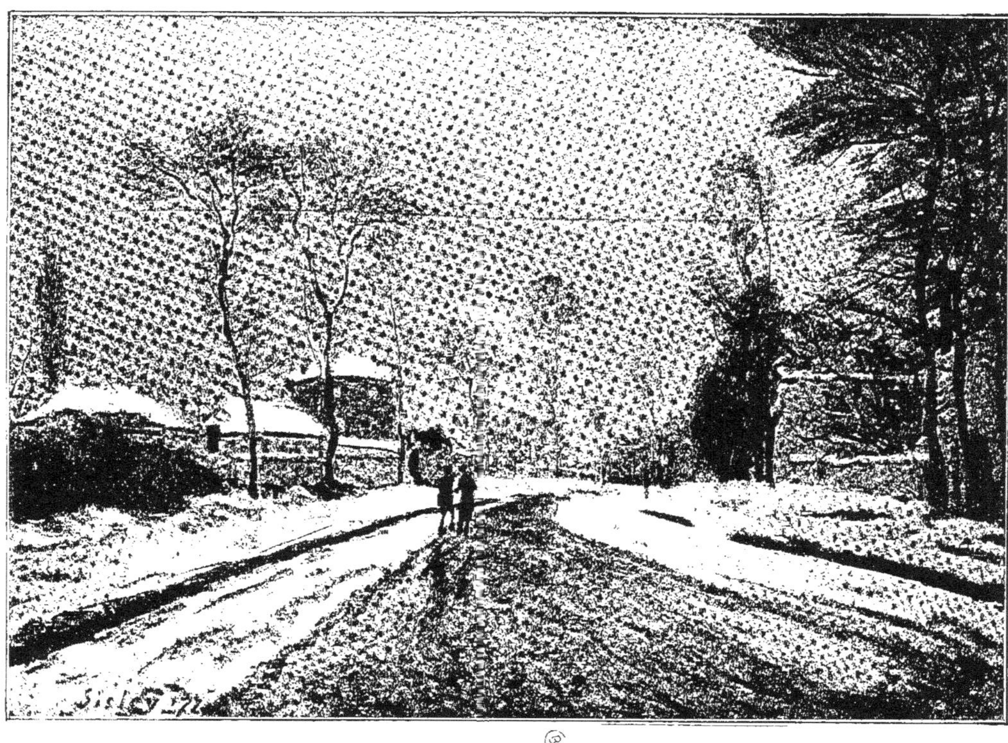

SISLEY. — Effet de neige

(Collection de M. Durand-Ruel).

et de Degas, de Monet et de Renoir, on trouve une
tendance très précise, celle de revenir aux sujets, au style
de la véritable tradition nationale, et c'est là un des
plus sérieux bienfaits que l'impressionnisme ait appor-
tés dans un art qui s'était arrêté à la notion de la beauté
canonique jusqu'à se stériliser dans la timidité.

IX

LE NÉO-IMPRESSIONNISME ET LA THÉORIE DU POINTILLISME : GEORGES SEURAT, PAUL SIGNAC, MAURICE DENIS, THÉO VAN RYSSELBERGHE, PIERRE BONNARD, EDOUARD VUILLARD, PAUL GAUGUIN, LOUIS ANQUETIN, ETC.

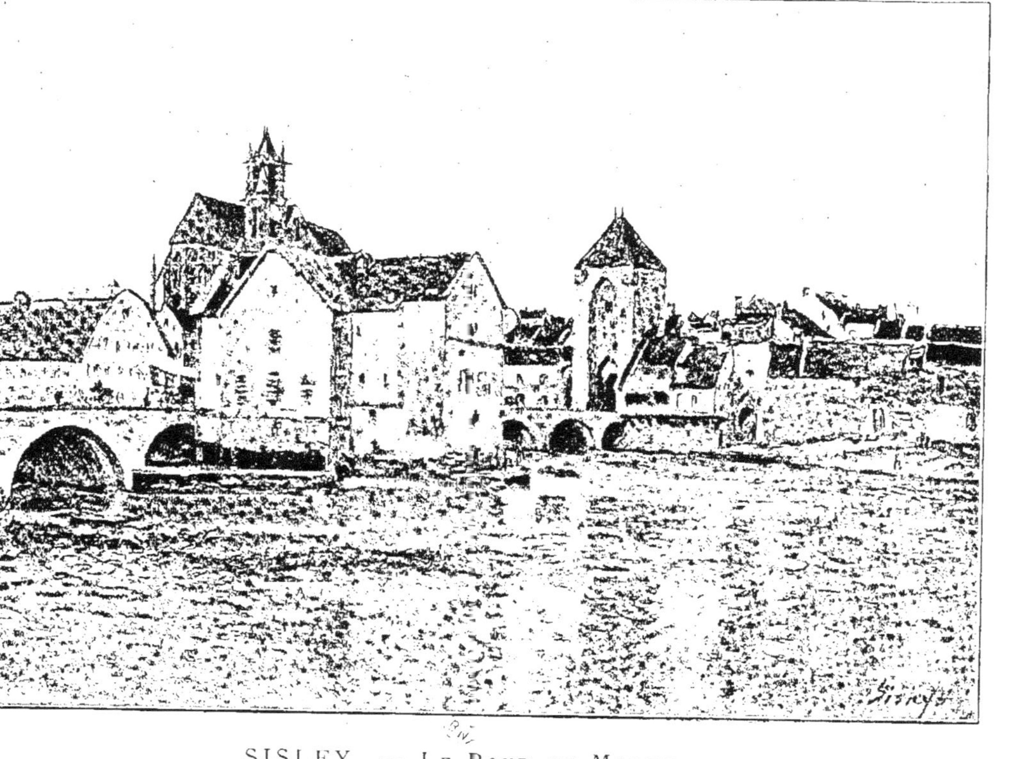

SISLEY. — LE PONT DE MORET

(Collection de M. Strauss, Paris).

IX

On peut faire remonter à peu près à 1880 les débuts
du mouvement désigné sous le nom de néo-impressionnisme. C'est un mouvement directement issu du
premier impressionnisme dans un milieu de jeunes
peintres qui l'admiraient, et qui songèrent à pousser
plus loin encore ses principes chromatiques. L'épanouissement de l'impressionnisme coïncidait en effet
avec certains travaux scientifiques concernant l'optique.
Helmholtz venait de publier ses travaux sur la perception des couleurs et des sonorités par le moyen des
ondes. Chevreul avait continué dans cette voie en éta-
blissant ses belles théories sur l'analyse du spectre solaire. A son tour un original et remarquable esprit,
M. Charles Henry, s'occupait de ces délicats problèmes
en les rattachant directement à l'esthétique, ce que
Helmholtz et Chevreul ne s'étaient pas souciés de faire.
M. Charles Henry eut l'idée de créer des rapports entre
cette partie de la science et les lois de la peinture : ami
de plusieurs jeunes peintres, il eut une réelle influence
sur eux, en leur montrant que la vision nouvelle, due à
l'instinct de Monet et de Manet, pouvait peut-être se

vérifier scientifiquement et établir des principes fixes dans un domaine où jusqu'alors les lois du coloris étaient les effets d'une conception individuelle. A ce moment la critique issue des théories de Taine tendait à rapprocher les domaines artistiques et scientifiques dans la critique et le roman psychologique : les peintres cédèrent aussi à ce besoin de précision qui semble avoir été la vive préoccupation des intellectuels de 1880 à 1889 environ.

Leurs recherches portèrent surtout sur la théorie des couleurs complémentaires et sur le moyen d'établir avec symétrie des lois de réaction des tonalités de façon à en dresser une sorte de table. Georges Seurat et Paul Signac furent les promoteurs de cette recherche. Seurat mourut très jeune, et on doit regretter cette mort d'un artiste qui eût été très intéressant et capable de belles œuvres. Celles qu'il a laissées témoignent d'un esprit très armé pour la théorie et ne laissant rien au hasard : les silhouettes sont réduites à des principes presque rigoureusement géométriques, les tonalités sont décomposées avec ordre. Ces toiles sont plutôt des exemples raisonnés que des œuvres d'intuition et de vision spontanée. Elles montrent chez Seurat un curieux désir de donner à l'impressionnisme une base scientifique et classique. La même idée commande toute l'œuvre de M. Paul Signac, qui a peint quelques portraits et de nombreux paysages. C'est à ces deux peintres qu'est dû le procédé du *pointillisme,* c'est-à-dire de la réparti-

tion des tonalités non plus seulement par des taches
comme dans les tableaux de Monet, mais par des touches très petites, d'une grandeur égale, et affectant la
forme sphérique pour agir également sur la rétine.
L'accumulation de ces points lumineux se répartit sur
toute la surface du tableau sans empâtements, avec ré-
gularité, au lieu que chez Monet la couleur est plus ou
moins dense. La théorie des complémentaires est appli-
quée systématiquement. Sur une esquisse faite sur nature, le peintre note les principaux rapport de tons,
puis les systématise sur son tableau et les relie par les
diverses nuances qui doivent logiquement en résulter.
Le néo-impressionnisme pense obtenir ainsi une exactitude plus grande que celle qui résulte du tempérament de chaque peintre se fiant simplement à sa perception individuelle. Et il est vrai, en principe, qu'une
telle conception est plus exacte. Mais elle réduit le
tableau à une sorte de théorème qui exclut ce qui fait
la valeur et le charme d'un art, c'est-à-dire précisément
le caprice, la fantaisie, la spontanéité de l'inspiration
personnelle. Les œuvres de Seurat, de Signac et des
quelques hommes qui ont rigoureusement suivi les
règles du pointillisme manquent de vie, d'imprévu, et
donnent aux yeux une impression un peu fatigante.
L'uniformité des points ne réussit pas à donner une
impression de cohésion, ni surtout la sensation des
matières différentes, même lorsque les valeurs sont
justes. Monet semble avoir atteint la perfection en

usant du procédé qui consiste à diriger les touches dans
le sens de chacun des plans, et c'est évidemment ce qui
est le plus naturel. Le chromatisme scientifique constitue un ensemble de propositions dont l'art pourra se
servir, mais d'une façon indirecte, comme renseignements utiles à mieux comprendre le jeu des lois de la
lumière en présence de la nature. Ce que le pointillisme a pu 'apporter, c'est un procédé qui serait
très appréciable pour les peintures décoratives vues à
grande distance, frises ou plafonds dans des édifices
spacieux. Il reviendrait en ce cas au principe de la
mosaïque, qui est le principe d'art mural par excellence.

Les pointillistes ont aujourd'hui presque abandonné
cette théorie de transition qui, malgré l'incontestable
talent de ses adeptes, n'a donné dans le tableau de chevalet que d'insuffisants résultats. Il faut citer auprès de
Seurat, dont on a de remarquables dessins de nu, de
M. Signac dont les essais décoratifs sont bien moins
heureux que ses marines d'un ton délicat, quelques
autres peintres fidèles à la technique pointilliste (1),
M. Maximilien Luce, M. Henri-Edmond Cross, M. Angrand et, en Belgique, MM. Morren, Lemmen, Verstraete, Verheyden, Mlle Anna Boch, M. Théo Van
Rysselberghe : mais celui-ci est presque un Parisien.
Lui et M. Maurice Denis ont atteint au grand talent
par des mérites tout différents.

(1) Pour mémoire, il faut mentionner Camille Pissarro qui, durant
quelques années, emprunta cette technique et semble y avoir renoncé.

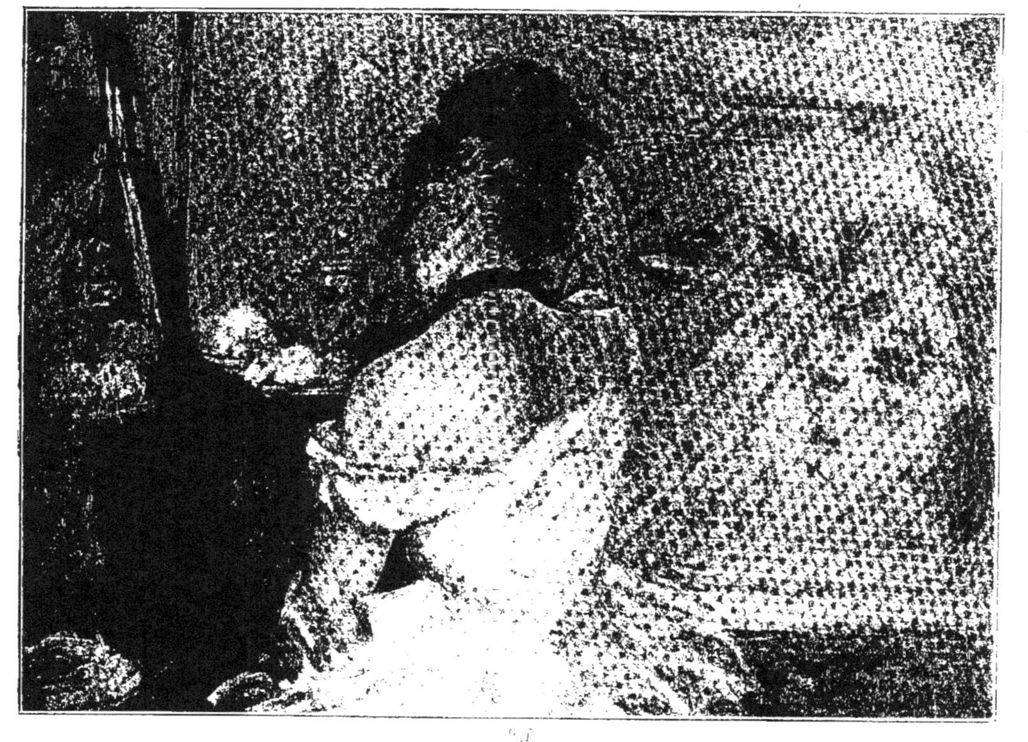

BERTHE MORISOT. — La Toilette

(Collection de M. Durand-Ruel).

M. Maurice Denis a abandonné le pointillisme depuis
quelques années. Mais jamais ce procédé ne s'unit chez
lui au style de ses camarades : il eut toujours une très
curieuse conception archaïque du dessin, remontant
jusqu'au style des imagiers et de Giotto pour exprimer
les symboles catholiques qu'il aime à peindre. Il s'inspire des vitraux et des bois gothiques pour créer des
personnages décoratifs aux contours cernés, remplis
par des teintes plates. Il simplifie le dessin autant que
possible, et ses sujets mystiques et naïfs, annoncia-
tions, cènes, fêtes évangéliques, s'accommodent de cette
manière curieuse, de ce parti pris qu'on peut contester
mais qui précise en M. Denis une personnalité indéniable. Il est ému, tendre, gracieux, décorateur de
mérite considérable, à la fois maniéré et frusto, et sur
tout coloriste d'un charme exquis. Son œuvre fait penser à la fois aux vieilles œuvres primitives de l'Ile-de-
France, aux préraphaélites et à Puvis de Chavannes.
Aux Salons, où elle figure maintenant avec succès
après d'intéressants débuts aux Indépendants, elle sus-
cite à la fois des polémiques et des sympathies, elle
impose l'attention due aux conceptions d'art véritable.
On peut regretter que M. Maurice Denis se répète un
peu et qu'il s'obstine à archaïser assez artificiellement
des qualités picturales supérieures, mais sa valeur est
grande aux yeux de tous. Sa récente décoration murale de
l'église du Vésinet est une œuvre des plus curieuses, atteignant souvent à la perfection dans l'entente décorative.

M. Théo Van Rysselberghe continue à user du procédé pointilliste. Mais il est tellement doué qu'on pourrait presque dire que malgré ce procédé sec et sans
charme il réussit à prouver sa grande valeur. Toutes
ses œuvres sont soutenues par un large, savant et
vivant dessin, sa couleur est riche. Producteur abondant et varié, M. van Rysselberghe a peint des nus, de
grands portraits, des paysages avec personnages, des
marines, des intérieurs, des natures mortes, et dans
tout cela il prouve des facultés de premier ordre. C'est
un amoureux de la lumière, qu'il sait faire chanter avec
allégresse sur les chairs, les fleurs et les étoffes, et c'est
un artiste qui a le sens du style. Ses portraits, notamment ceux du poète Émile Verhaeren, de M. André
Gide, suffiraient par leur belle tenue et leur sérieuse
psychologie à le faire considérer comme le plus significatif des néo-impressiönnistes dont il a développé
logiquement le procédé sans en encourir les défauts.
C'est aussi un paysagiste saisissant de la Hollande, des
plages belges et de la Côte d'Azur. C'est encore un affi-
chiste remarquable, un aquafortiste nerveux et sobre,
un peintre chatoyant de la mer. Ses marines, qu'elles
se jouent dans les gris pâles de la mer du Nord ou les
chaudes harmonies d'or et de saphir de la Méditerranée, sont des fenêtres ouvertes sur la clarté joyeuse.
M. Van Rysselberghe n'a jamais exposé aux Salons :
il s'est révélé à Bruxelles et aux expositions pari-
siennes des Indépendants.

La même remarque doit être faite pour tous les néo-impressionnistes sauf M. Denis, jusqu'en ces dernières années. M. Pierre Bonnard, dans ses petites toiles d'un goût japonisant pleines de charme et de verve, dans ses lithographies capricieuses, ses dessins pour Verlaine, s'est montré un inégal mais attirant artiste. M. Édouard Vuillard est un intimiste d'une rare délicatesse, un de ceux dont on regrette la modestie, la production trop volontairement restreinte à de petites choses précieuses, en présence de dons admirables dont on souhaiterait l'épanouissement. Cet artiste, qui vit à l'écart et produit très peu, a signé des intérieurs d'une mélancolique distinction, d'un coloris se jouant dans des tonalités sourdes, avec une justesse et une science qui sont presque d'un maître. Il y a en lui, dirait-on, un reflet de l'âme de Chardin. Ses œuvres malheureusement sont confinées dans quelques collections et n'ont pas été connues du public. On rattachera au même groupe MM. Maurice Delcourt et Francis Jourdain, M. Ranson, qui s'est consacré à l'art décoratif pur, tapisseries, papiers de tenture, broderies, M. Georges de Feure, aquarellisme aux curieux symbolismes, devenu un des meilleurs dessinateurs de l'art nouveau en France, M. Félix Vallotton, peintre et lithographe un peu lourd, mais doté de sérieuses qualités. Encore M. de Feure est-il Hollandais, M. Vallotton Suisse, et M. Van Rysselberghe Belge ; mais ils sont établis en France et se sont liés trop étroitement au mouvement néo-impressionniste pour que la question de nationalité empêche de les mentionner ici. Enfin, il est impossible de ne pas parler en quelques mots de deux élèves de Gustave Moreau qui sont devenus deux beaux disciples de l'impressionnisme, avec des nuances très personnelles. M. Eugène Martel se présage comme un des meilleurs peintres d'intérieurs de sa génération. Il a le sens de la vie rustique et peint des paysages avec une force psychologique étonnante : son coloris fougueux l'apparente à Monticelli et son dessin à Degas. Quant à M. Simon Bussy, qui à l'exemple d'Alphonse Legros est en train de se faire en Angleterre une situation enviable, c'est un artiste de race. Ses paysages, ses figures évoquent la distinction, la tonalité rare de Whistler, et aussi l'acuité caractéristique de Degas. C'est un harmoniste subtil, d'une vision neuve, qui certainement sera un considérable peintre. Avec Henri Le Sidaner et Jacques Blanche, Simon Bussy est certainement le plus personnel de cette jeune génération d'*intimistes* qui semble avoir retenu les meilleurs principes des maîtres impressionnistes pour les employer à l'expression d'un idéal psychologique tout différent du réalisme.

En dehors de cette série de peintres on trouve quelques isolés difficiles à classer. Les très jeunes artistes Lebasque, Laprade et Charles Guérin ont montré depuis trois ans, à l'exposition des Indépendants, des œuvres qui résultent dignement de l'influence de Manet et de Renoir. on devra aussi beaucoup attendre d'eux. Les

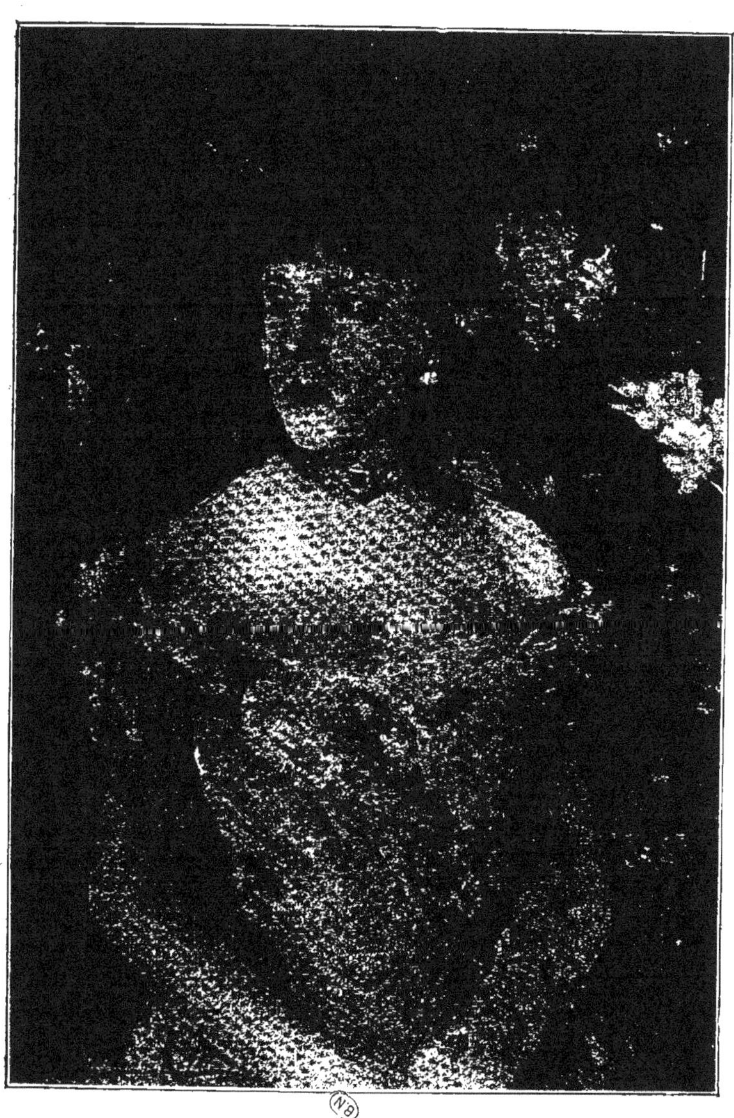

BERTHE MORISOT. — Jeune Femme au bal
(Musée du Luxembourg).

paysagistes Paul Vogler et Maxime Maufra, plus âgés, se sont fait connaître par de solides séries de paysages vigoureusement présentés. On y joindra M. Henry Moret. M. Albert André et M. Georges d'Espagnat, M. Vignon, qui méritent également le succès qui commence à leur venir. Mais il en est de plus anciens. Il sied de faire place à un peintre qui se suicida après une vie malheureuse, et qui témoigna de dons superbes. Vincent Van Gogh, Hollandais mais ayant toujours travaillé en France, laisse de violentes et curieuses œuvres où l'impressionnisme semble avoir atteint la limite de ses audaces, et qui valent par leur franchise naïve, par la volonté acharnée qui essaya d'y fixer, sans artifices, des sensations sincères. Parmi beaucoup d'œuvres frustes et gauches, Van Gogh laisse quelques toiles vraiment belles. Il y a une affinité profonde entre lui et Cézanne. Il y en a aussi une très réelle entre Paul Gauguin, qui fut l'ami et un peu le maître de Van Gogh, et Cézanne et Renoir. Paul Gauguin a commencé par peindre avec un talent robuste d'âpres paysages bretons, où l'on trouve le procédé de la tache employé avec finesse, mis au service d'une harmonie assez sourde mais très intéressante. Puis l'artiste alla faire un long séjour à Tahiti, et il en revint ayant transformé sa manière. Il rapporta de ces régions des paysages avec personnages, qui sont traités d'une façon volontairement gauche, presque sauvage. Les êtres sont cernés de traits accentués, et peints par grandes teintes plates sur des

toiles presque aussi rugueuses qu'une tapisserie. Il y a
beaucoup de ces œuvres qui rebutent par leur aspect
d'imageries bariolées, crues et trop barbares. Mais on
ne peut en méconnaître les qualités foncières, les belles
valeurs, le goût ornemental, l'impression de primitive
animalité ! En somme, il y a dans Paul Gauguin un
beau tempérament d'artiste qui, dans son aversion pour
la virtuosité, n'a peut-être pas assez compris que la
peur des formules peut, si on l'exagère, conduire à
d'autres formules, à une fausse ignorance qui est aussi
dangereuse que le faux savoir.

Paul Gauguin, dont on a appris la mort à cinquante
ans passés, en août 1903, à Tahiti où il était retourné
pour toujours, a été incontestablement un artiste de
race, raisonnant admirablement son art — trop peut-
être — avec la rigueur d'un pur logicien, et conduit à
l'outrance de la simplicité rude par l'aversion des facti-
cités de l'art à la mode. Il avait groupé, à Pont-Aven,
il y a quelques années, des jeunes gens enthousiastes,
des disciples comme Paul Sérusier, que son esprit sé-
duisait. La vie lui fut dure. C'était un homme d'un
beau caractère entier, qui méritait un meilleur sort, et
que la critique à venir devra placer auprès de Cézanne.
Son élève Émile Bernard, écrivain d'art curieux, dont
le Luxembourg a acquis un beau morceau orientaliste,
est un homme de volonté et de travail, dont on doit
attendre beaucoup. Les intentions symbolistes de Gauguin et de Bernard sont pourtant desservies par des

esprits trop complexes, sans le savoir, pour concorder à
souhait avec leurs qualités techniques, et c'est lorsque
Gauguin et Émile Bernard sont simplement des peintres
qu'ils rencontrent leurs meilleures inspirations.

On placera auprès de Gauguin, parmi les aînés de la
génération actuelle et les successeurs de l'impressionnisme, le paysagiste Armand Guillaumin qui, sans avoir
les qualités délicates de Sisley, a peint des toiles dignes
de remarque, et il faudra enfin terminer cette trop sommaire énumération en parlant d'un des peintres les plus
doués de l'actuelle école française, M. Louis Anquetin.
C'est un talent très varié, dont la puissance est indéniable. Il débuta parmi les néo-impressionnistes, et se
révéla influencé des Japonais et de Degas. Comme on
le voit, ces deux influences sont prédominantes dans
tout ce groupe. Puis M. Anquetin s'éprit de la largeur
et de la franchise superbe des œuvres de Manet, et signa
une série de portraits et d'études dont certains ne sont
pas loin d'égaler un tel maître : ce sont des morceaux
qui étonneront la critique lorsqu'elle examinera avec
une calme impartialité la peinture contemporaine. Après
ces œuvres, M. Anquetin céda à sa nature fougueuse
qui l'entraînait vers la peinture décorative, et il s'influença de Rubens, de Jordaens et de l'école de Fontainebleau. Il peignit des rideaux de théâtre, des scènes
mythologiques où se donna libre cours son imagination
sensuelle, éprise de la force païenne : il semble que
l'artiste ait dévié de sa véritable route en peignant ces

œuvres brillantes mais un peu déclamatoires, et il est depuis peu revenu à une peinture plus moderne et plus directement impressionniste. En tous ses avatars, Anquetin a dépensé un talent considérable, qui plaît par la belle verve, la fougue, l'éclat et la sincérité. Sa variabilité est peut-être la cause de son relatif insuccès, elle a dérouté le public ; mais il n'en est pas moins vrai qu'il faut voir en certaines toiles de ce vaillant et sérieux peintre la lignée heureuse de Manet.

Il nous semblera juste de résumer notre opinion impartiale sur le néo-impressionnisme en disant qu'il a manqué de cohésion, et que le pointillisme spécialement a engagé la peinture dans une voie sans issue. On a eu le tort de voir en l'impressionisme un prétexte trop exclusif à des recherches de technique, et il s'est produit une réaction heureuse qui nous ramène aujourd'hui, après divers tâtonnements (entre autres de malheureux essais de peinture symboliste), à la belle école récente des intimistes, et à la conception nouvelle qu'un grand peintre glorieux, Besnard, impose aux Salons, où une élite s'inspire de lui. Nous ne pouvons ici qu'indiquer d'un mot le rôle considérable joué par Besnard : il a prouvé par son œuvre géniale qu'on pouvait appliquer la science coloriste de l'impressionnisme non au réalisme, mais aux plus hautes pensées, à la peinture idéologique la plus noblement inspirée des préoccupations intellectuelles modernes. Il est la transition entre l'impressionisme et l'art de demain : de pure lignée

française par ses portraits et ses nus qui viennent de
Largillière et d'Ingres, il eût pu se borner à compter
parmi les plus savants impressionnistes par ses études
de reflet et de couleurs complémentaires. Il a dépassé
cette phase et, par ses décorations, a rejoint le domaine
psychique de son art avec une étrange beauté. Les intimistes, (Cottet, Simon, Blanche, Helleu, Ménard,
Bussy, Lobre, Le Sidaner, Wéry, Prinet, Ernest Lau-
rent) ont prouvé qu'ils avaient profité de l'impressionnisme, mais sont allés dans une direction toute différente en cherchant à traduire des émotions de conscience.
Un jeune homme d'une singulière précocité, tout récemment venu aux Salons, M. Caro-Delvaille, dans son
œuvre encore peu personnelle mais très savante, unit
l'influence de Manet et Degas à celle de Goya, d'une
façon évidente.

Le cas de M. Henri Martin est entre tous significatif.
Depuis ses débuts cet admirable artiste a appliqué la
technique impressionniste à l'expression d'allégories
et de symboles autant qu'à des représentations de la
pure nature, conduisant parallèlement une œuvre
double, grandes toiles d'un caractère nettement emblématique et petites toiles relatant avec science et charme
la campagne natale. Cette double conception réaliste et
idéaliste, servie par une technique audacieuse, fidèle à
la loi des complémentaires, a valu à M. Henri Martin
la sévérité des jurys ; elle lui vaut aujourd'hui la gloire.
Sa dernière œuvre du Salon de 1903, vaste composi-

tion ensoleillée, d'une parfaite appropriation à l'art mural, peut être tenue pour son chef-d'œuvre et pour une décisive démonstration de l'impressionnisme appliqué aux grandes surfaces. On pense à la couleur de Monet, à la technique de Pissarro, autant qu'au sentiment de Millet et à l'eurythmie de Puvis de Chavannes, devant cette belle chose.

Et Puvis de Chavannes lui-même, qui produisit en même temps que les académiques et les impressionnistes sans leur ressembler est pourtant, par bien des côtés, et notamment par ses harmonies claires qui soulevèrent aussi bien des querelles, un des maîtres que les impressionnistes ne cesseront jamais d'admirer et de ranger au nombre de leurs initiateurs. Ce grand homme fut un harmoniste du plein air, et ne cessa de témoigner de sa sympathie active pour le mouvement et même pour des néo-impressionnistes comme M. Maurice Denis. L'effort constant pour sortir de la virtuosité et pour échapper à une trop exclusive préoccupation des procédés tout en acquérant une science sérieuse se traduit par les œuvres de toute la jeune école française, qui ne tient plus compte de l'enseignement académique et se sent décidément libérée. Cette libération, c'est Manet qui l'a payée du prix de sa vie.

X

Mérites et défauts de l'impressionnisme.
Ce qu'on lui doit : son influence a
l'étranger ; sa place dans l'histoire
de l'art français.

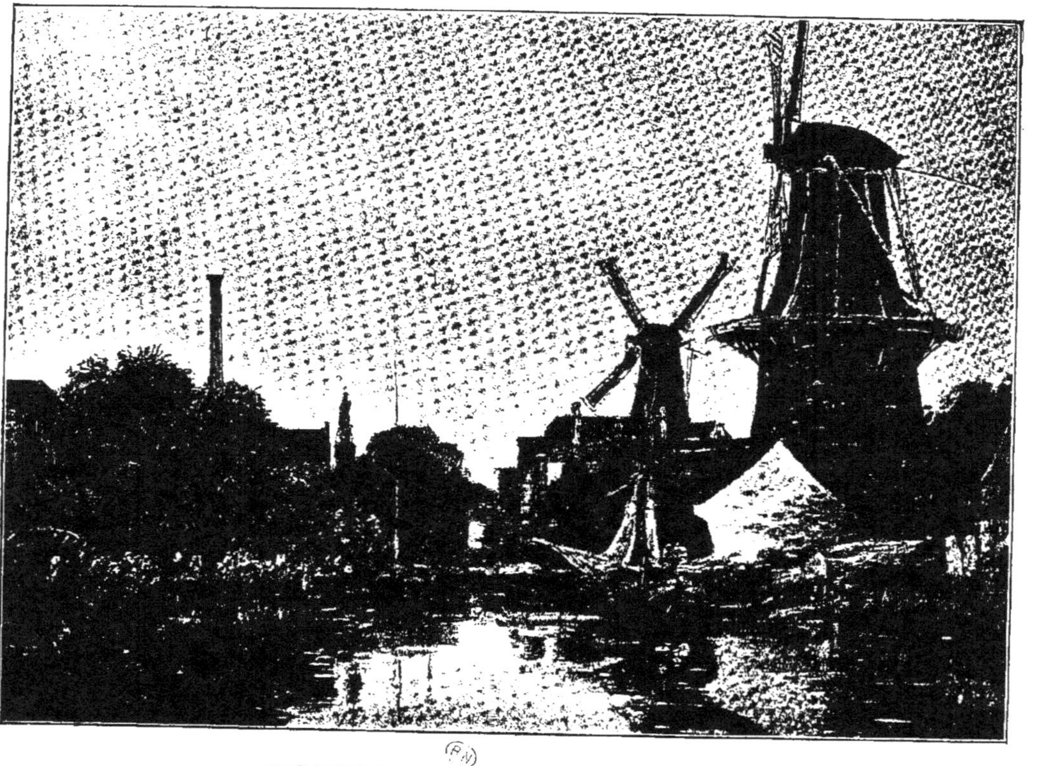

BOUDIN. — Canal a Dordrecht

X

Voilà donc, dans son ensemble — et que de détails
intéressants n'avons-nous pas dû éliminer ! — l'histoire de ce grand mouvement d'indépendance et de
foi. Son initiateur est mort, ses maîtres ont touché à la
vieillesse glorieuse, il est entré dans l'histoire de notre
art ; qu'est-ce que celui-ci lui devra ?

Moralement, l'impressionnisme a rendu un service
immense à l'art tout entier en attaquant de front la
routine, en prouvant qu'une réunion de producteurs
indépendants pouvait rénover l'esthétique sans rien
devoir à l'enseignement d'État. Il a réussi là où des
créateurs considérables, mais isolés, avaient échoué
parce qu'il a eu la chance de réunir une série d'hommes
dont quatre compteront parmi les grands peintres français. Il a eu les qualités qui vainquent les pires résis-
tances, la fécondité, le courage, la certaine originalité.
Il a su trouver sa force dans la référence aux véritables
traditions du génie national, qui l'ont heureusement
éclairé et sauvé d'erreurs fondamentales. Il a, enfin et
surtout, porté un coup irrémédiable à l'académisme, et
lui a arraché un prestige d'enseignement qui régnait

tyranniquement sur les jeunes artistes depuis des siècles : il a violemment porté la main sur un préjugé
tenace et dangereux, sur une série de notions poncives
qui se transmettaient sans tenir compte de l'évolution
des mœurs et des intelligences. Il a osé protester librement contre un idéal dégénéré qui parodiait stérilement
les maîtres anciens en prétendant les honorer : il a
écarté de l'âme artistique française tout un ordre d'éléments pseudo-classiques qui en contrariaient l'épanouissement, et l'École ne se relèvera pas de cette
hardie contradiction qui a rallié toute la jeunesse. Le
principe moral de l'impressionnisme a été absolument
logique et sain, et c'est pourquoi rien n'a pu l'empêcher de triompher.

Aujourd'hui, éloignés aussi bien des polémiques
que des éloges outranciers, nous pouvons considérer
ce mouvement comme un des plus vivaces qui se
soient jamais produits en France, et nous appuie-
rons cette opinion non plus sur des sympathies protes-
tataires au nom du principe de la liberté artistique,
mais sur des constatations de faits et d'œuvres. L'impressionnisme a apporté une conception nouvelle du
chromatisme dont les conséquences seront énormes, et
une conception nouvelle de la psychologie et de la
composition. Il a régné quarante ans et influé sur deux
générations, et son influence, au lieu de s'affaiblir, se
fortifie. Il a présenté au monde artistique cinq ou six
tempéraments supérieurs. Enfin il est remonté par un

courageux effort, aux sources originelles du génie national. C'est un bilan assez riche devant l'avenir pour permettre à ses admirateurs l'examen loyal de ses imperfections, de ses partis pris dont beaucoup ont été les conséquences immanquables des dénis de justice qu'on ne lui a pas épargnés.

L'impressionnisme a dépensé la moitié de ses forces à prouver à ses adversaires qu'ils erraient, et l'autre à inventer des procédés techniques. Il n'est pas étonnant qu'il ait manqué de profondeur intellectuelle et qu'il ait laissé à ses successeurs le soin de réaliser des œuvres méditatives et intellectuelles. Mais ces hommes n'eussent pas existé sans lui.

Il nous a apporté un sourire, une bouffée d'air pur, le toucher caressant de la vie ensoleillée. Il est si prenant qu'on aime jusqu'à ses erreurs : elles le font plus humain et plus accessible. Dans les musées nous voyons des choses plus parfaites. Mais leur perfection même nous en éloigne et nous donne la sensation de la mort. Nous n'avons qu'à nous taire, notre admiration déférente sent l'inutilité des paroles et notre âme n'a rien à ajouter. Qui de nous oserait ajouter un peu de soi-même à Léonard ou à Rembrandt? Nous contemplons, respectueux, et nous nous en allons. Le mort a reçu un hommage de plus, mais nous n'avons acquis, peut-être, que le sentiment de notre impuissance, et notre admiration est d'essence mystique. Mais devant les impressionnistes elle est vivante et fraternelle. Nous

nous associons à leur œuvre, palpitante encore de la vie d'hier : un don magnifique éclate, mais un défaut nous rassure. Nous voyons ce qui manque, nous sentons l'endroit où la main du peintre a trahi son désir, nous goûtons le charme délicieux du défaut qui le rapproche des nôtres, bien que sans perversité (1). Et surtout nous goûtons la joie, la lumière, le grand coup de soleil que ces hommes ont tant aimé. Nous nous promenons dans leur œuvre comme en un jardin baigné d'un jour d'après-midi. Avoir chez soi la *Mélancolie* de Dürer, c'est bien, mais y avoir aussi un Claude Monet, c'est y posséder un sourire de l'art. C'est peut-être pour cela que les poètes symbolistes ont eu le culte de l'impressionnisme, eux qui venaient après ce mouvement, compagnon d'armes du réalisme qu'ils reniaient, eux que son choix des sujets simples, sa répugnance à tout symbolisme, eût dû choquer. Ils ont apprécié dans cette peinture le naturel, la gaîté lumineuse, la primitivité que leurs âmes complexes ne retrouvaient plus en elles-mêmes.

On devra à ces peintres de la douce terre française, qu'ils ont tant aimée et qui les a si libéralement inspirés, d'avoir, par leur initiative et leur résistance, ruiné le prestige de l'École : et il est trop tôt encore pour faire apprécier à sa valeur ce service rendu à la peinture française tout entière, pour faire comprendre

(1) « M. Ingres aimait les faux traits. » Propos de Flandrin rapporté par M. Besnard.

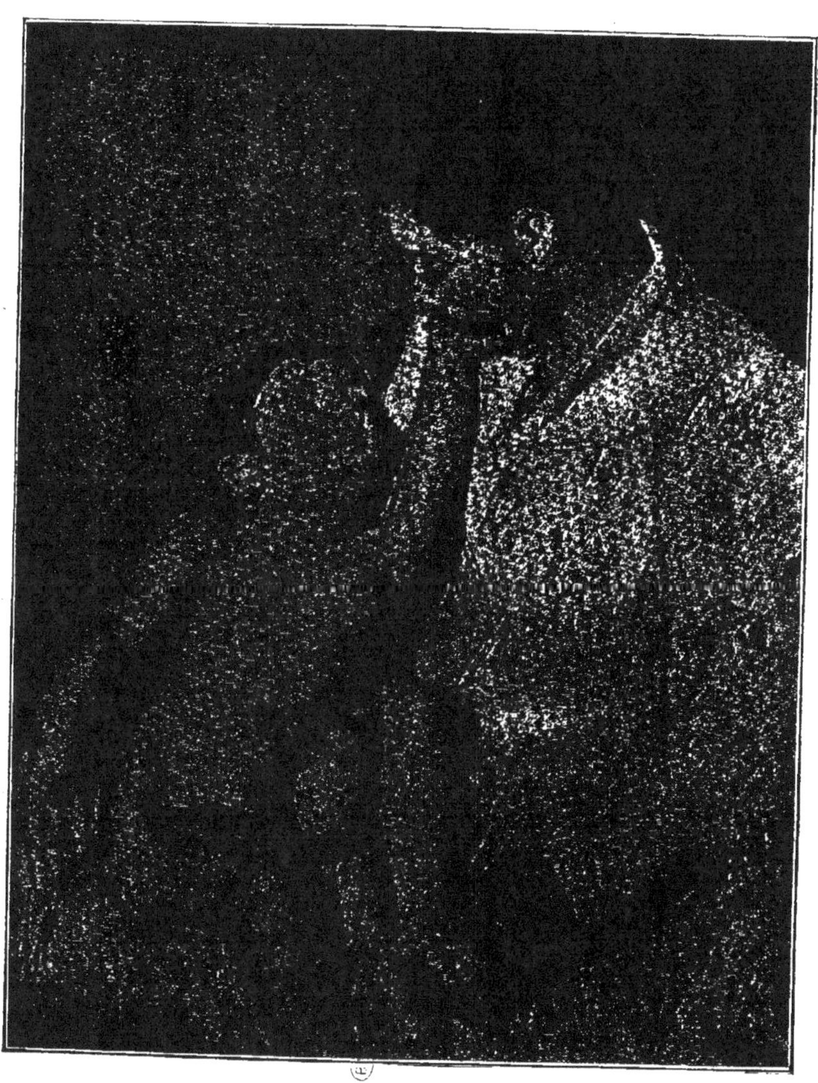

MARY CASSATT. — LA CARESSE
(Collection de M. A. Pope, Cleveland, États-Unis).

pleinement à tous quelle œuvre saine ont accomplie ces
prétendus anarchistes qui devaient, à en croire les académiques, décréter l'irrémédiable désordre de leur art.
Un souffle libre a passé. La génération qui se lève, sérieuse, savante, prouve par son organisation et son
œuvre combien l'accusation était partiale et injuste :
l'impressionnisme a vivifié une époque, il n'a rien
détruit que des poncifs, et il n'a forcé personne a l'imiter. L'imitation s'est produite, mais elle s'est localisée
aussitôt. Elle n'a pas rencontré un corps de doctrines
propre à lui permettre une longévité médiocre, et ainsi
elle n'a nui qu'à ceux qui, consciemment, la prati-
quaient en copiant la nature à travers Monet ou Renoir.
Jamais mouvement n'a été meilleur conseiller d'indépendance sincère.

Techniquement, l'impressionnisme a apporté un re-
nouvellement complet de la vision picturale en substi-
tuant la beauté de caractère à la beauté de proportions,
et en trouvant une expression adéquate aux pensées et
aux sensations de son temps, ce qui est le secret des
belles œuvres. Il a renoué une tradition, et y a ajouté
une page contemporaine. On lui devra une considérable série d'observations dans l'analyse de la lumière,
et une conception du dessin absolument originale. Quelques années ont été dépensées, par des peintres de peu
de valeur, à l'imiter, et les Salons, jadis encombrés
de pastiches des académiques, ont été encombrés de
pastiches des impressionnistes. Il serait injuste d'en

faire le reproche à ceux-ci : ils ont montré par leur carrière même qu'ils haïssaient l'enseignement et ils ne prétendirent jamais enseigner. L'impressionnisme s'appuie sur des lois d'optique irréfutables, mais ce n'est pas un style ni un procédé propres à devenir à leur tour des poncifs. On pourra demander à cet art des exemples, mais non des recettes. Son meilleur enseignement a été précisément d'engager les artistes à la plus grande indépendance, à la recherche ardente de leur personnalité. Il marque la déchéance de l'esprit d'École et n'en créera pas une qui deviendrait vite aussi fastidieuse que l'autre. Il apparaîtra seulement à ceux qui le comprendront bien comme un précieux répertoire de notes, et la jeune génération l'honore intelligemment en ne l'imitant pas avec servilité.

Ce n'est pas à dire qu'il soit sans défauts. On a dit, pour le diminuer, qu'il avait la valeur d'un essai intéressant, n'ayant pu qu'indiquer d'excellentes intentions sans rien créer de parfait. Cela est inexact. Il est certain que Manet, Monet, Renoir et Degas ont signé des chefs-d'œuvre qui ne pâliront auprès d'aucun de ceux du musée du Louvre, et cela pourrait même être dit de leurs amis moins grands. Mais il est certain aussi que ces hommes eussent pu faire mieux encore si une trop grande part de leur temps n'avait été employée aux recherches, ainsi qu'aux agitations et aux énervements d'une polémique poursuivie durant vingt-cinq années. Il y a eu disproportion entre le réalisme et la technique de l'impressionnisme

Son origine réaliste lui a donné parfois de la vulgarité. Il a souvent traité trop grandement des sujets médiocres, et il a trop facilement vu la vie par le côté anecdotique. Il a manqué de synthèse psychologique (sauf Degas). Il a trop volontairement nié tout ce qu'il y a sous la réalité apparente de l'univers, et affecté de séparer la peinture des facultés idéologiques qui règnent sur l'art tout entier. Par haine de l'allégorie académique, par défiance envers les symboles, les abstractions, les scènes romantiques, il a refusé de s'occuper de tout un ordre d'idées, et il a eu tendance à faire du peintre avant tout un ouvrier. Il le fallait au moment où il est venu, cela n'est plus nécessaire maintenant, et les peintres le comprennent d'eux-mêmes. Enfin, il a été trop souvent superficiel même dans l'obtention des effets, il a cédé au désir de surprendre les yeux, de jouer des tons pour l'amour de la virtuosité. Il donne souvent le regret de voir des symphonies de couleurs magnifiques dépensées pour exprimer des canotiers ou un coin de café, et nous en sommes venus à un degré d'intellectualité complexe qui ne se satisfait plus de ses thèmes rudimentaires. Il y a eu des outrances inutiles, des défauts de composition et d'harmonie, et tout cela n'est pas niable.

Mais il serait injuste de tenir pour défaut le manque de certaines qualités qu'excluaient les conditions elles-mêmes du mouvement. Il était impossible à l'impressionnisme de porter son plus grand effort vers la com-

position, encore moins vers des sujets symboliques ou
très complexes ; sa raison d'être était précisément la
spontanéité devant la nature. Ses outrances compen-
sèrent d'autres outrances. On a essayé de contester sa
technique. On a dit que les toiles de Monet, désa-
gréables par l'aspect même de la matière, se désagré-
geraient rapidement à cause de l'introduction de la
poussière dans les empâtements. Cela est inexact pour
toutes les œuvres de la première période, qui, vues
après vingt ou trente ans, apparaissent dorées, admirablement conçues pour la durée et la patine. Cela
peut être plus vrai pour les *Cathédrales* qui sont exécutées d'une façon très singulière. Mais Manet, Renoir
ont donné à leurs œuvres une solidité indéniable, elles
vieillissent superbement, les tons purs ne s'influencent
pas et la chimie secrète des couleurs joue simultanément dans toutes les tonalités sans en altérer l'harmonie,
et les Degas, très légers de matière, restent aussi nets
que lorsqu'ils furent créés, au lieu que les œuvres aca
démiques sont décomposées par le bitume et les terres
d'ombre. Semblant des improvisateurs, les techniciens impressionnistes ont été de parfaits ouvriers, ils
ont donné à la peinture de demain un immense répertoire de procédés : c'est là, plus que leur néo-
réalisme, leur contribution capitale à la peinture
française.

Leur art demeure séduisant par des dons qui enthou-
siasmeront toujours, la liberté, la fougue, l'éclat, la

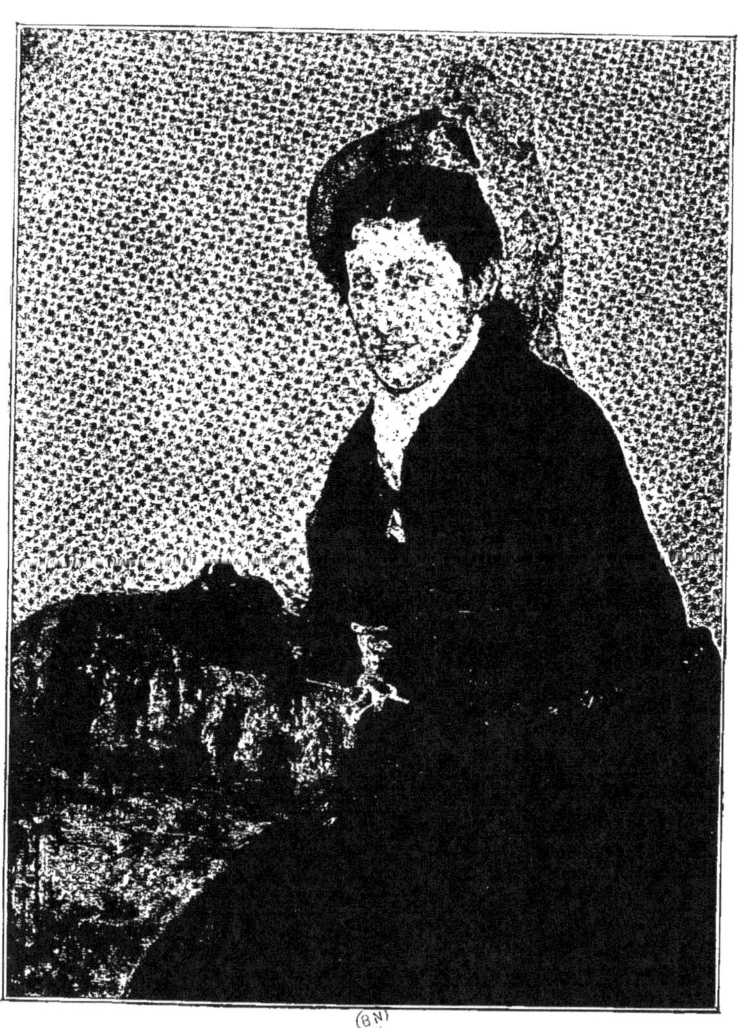

MARY CASSATT. — Portrait.

verve, la joie de peindre et la passion des belles lumières. C'est, en somme, le plus grand mouvement
pictural que la France ait vu depuis Delacroix, et il
termine glorieusement le xixᵉ siècle en ouvrant celui-ci.
Il a accompli ce grand fait de nous avoir replacés en
présence de notre véritable lignée nationale, bien plus
que le romantisme qui était mêlé d'éléments étrangers.
C'est bien là une peinture qui ne pouvait être conçue
qu'en France, et il faut remonter jusqu'à Watteau pour
retrouver la même impression. Il a apporté une renaissance presque inespérée, et c'est ce qui lui assure son
plus incontestable titre à la reconnaissance de la race.

Il a exercé sur la peinture étrangère une influence
très appréciable. Parmi les principaux peintres ralliés à
ses idées et à ses recherches, on peut citer, en Allemagne, M. Max Liebermann, qui a été le chef de la
réaction réaliste contre le style romantique et symboliste de Böcklin, de Stück et de leurs élèves vite dégénérés, autant que contre le piteux académisme de
l'école de Dusseldorff et le goût encouragé par l'empereur. Auprès de M. Liebermann se sont rangés divers peintres de mérite, entre autres, MM. Gothardt
Knehl et Karl Kœpping. En Norvège, les brillants succès de M. Thaulow, trop parisianisé aujourd'hui, ne
feront pas oublier de sérieux artistes comme MM.
Carl Larsson et Skredsvig, auxquels s'est joint récemment le fougueux coloriste Diriks. Le Danemark
est représenté par un considérable peintre, M. Kroyer.

La Belgique a affirmé par les expositions des XX et les Salons de la Libre Esthétique ses vives sympathies pour l'impressionnisme : MM. van Rysselberghe, Émile Claus (celui-ci digne émule de Monet en ses admirables paysages), Verheyden, Heymans, Willaert, Verstraete, Vytsman, Baertsoen, Morron, Mlle Anna Boch, ont constitué un groupe compact d'impression-nistes auprès de symbolistes intéressants comme MM. Xavier Mellery, Henry de Groux, James Ensor et Willy Schlobach : encore la technique de ces trois derniers se rapproche-t-elle souvent du coloris de Renoir ou du pointillisme. En Espagne, auprès de M. Zuloaga qui n'est pas sans rapports avec Manet, M. Dario de Regoyos a adopté la division des tons très rigoureusement, et M. Sorolla y Bastida est nourri d'impressionnisme. En Italie, le regretté Segantini y inclinait dans ses derniers paysages alpestres, et M. Boldini s'est fortement nourri de Degas avant d'in-cliner vers l'art mondain. En Amérique, l'influence a été moins sensible, ainsi qu'en Angleterre : le regretté John Lewis-Brown a été imbu de Degas et de Monet, tandis que des personnalités comme celles de M. Dannat, de M. Alexander, de MM. Lavery et Guthrie, sont inspirées de Whistler, qui fut le compagnon de la pre-mière heure des impressionnistes sans partager leurs idées. M. Sargent, qui a des affinités évidentes avec Besnard, est un grand virtuose sensuel, isolé. Mais nombre de jeunes peintres de Glasgow, de Baltimore ou de Londres, comme MM. Lionel Walden, Frieseke, Morrice, sont inspirés directement de l'impressionnisme : si ce n'est dans la technique, c'est dans un sentiment nouveau des valeurs, dans la mise en cadre que se retrouve cette influence. Sur tous ces hommes s'étend la vivace prolongation du mouvement français, et on peut dire que c'est d'abord à l'étranger qu'est revenu l'honneur de reconnaître la tradition véritablement autochtone de cet art, et d'enrichir ses collections et ses musées d'œuvres dédaignées dans le pays qui les avait vues naître. A l'heure actuelle, dans le monde entier, jusqu'au sein des académies, on se ressent des effets de cette vision nouvelle, et dans les Salons, d'où les impressionnistes restent exclus, on assiste à une invasion de tableaux qui s'en inspirent, et que les jurys n'osent plus refuser (1). Dans quelque mesure que les peintres récents acceptent l'impressionnisme, ils en demeurent préoccupés, et même ceux qui ne l'aiment pas sont forcés d'en tenir compte.

On peut donc dès maintenant envisager le mouvement impressionniste, en dehors des polémiques, sans attaques vaines et sans louanges exagérées, comme une manifestation artistique entrée dans le domaine de

(1) M. Alfred Roll, avant tous, s'est inspiré de Manet ; M. Gervex, à ses heureux débuts, Duez, Ulysse Butin, Norbert Gœneutte, ont été des succédanés du réalisme-impressionniste bien plus nettement que Bastien-Lepage et son école, qui ne surent pas trouver une direction nette entre l'Ecole et Manet. De ce dernier M. Gaston La Touche a été l'élève, et a retenu les principes, dans sa chatoyante vision décorative.

l'histoire, et l'étudier en lui appliquant avec impartialité les procédés d'analyse critique qu'on a coutume d'employer en étudiant les mouvements picturaux antérieurs. Nous n'aurons pas prétendu ici donner une histoire complète et sans défauts, mais simplement nous nous estimerions mieux que récompensé de ce travail destiné à la diffusion dans le grand public, si nous lui avions inspiré de la curiosité et de la sympathie pour un groupe d'artistes que nous considérons comme admirables, et si surtout nous pouvions rectifier aux yeux des lecteurs les erreurs, les dénigrements, les reproches immérités dont on s'est fâcheusement plu, en France même, à couvrir des créateurs sincères qui songeaient avec foi et amour à la pure tradition du génie national, et qui ont pour cela été aussi vilipendés que s'ils s'étaient, dans un accès de folie anarchique, levés contre le bon sens, le goût, l'esprit et la clarté qui demeureront les mérites éternels de leur terroir. Ce petit volume imparfait trouverait peut-être sa meilleure excuse dans son intention de réparer une si longue injustice par l'exposé de la simple vérité. Cette injustice a été réparée en détail par les fervents admirateurs qui n'ont pas cessé, depuis l'origine, de répondre aux attaques faites à Manet et à son école, et les ont souvent, à l'exemple de Zola, détournées sur eux-mêmes. Mais il n'ont pu être que l'éternelle minorité en face du monde académique, des jurys, de la critique, et de la foule d'incapables qui

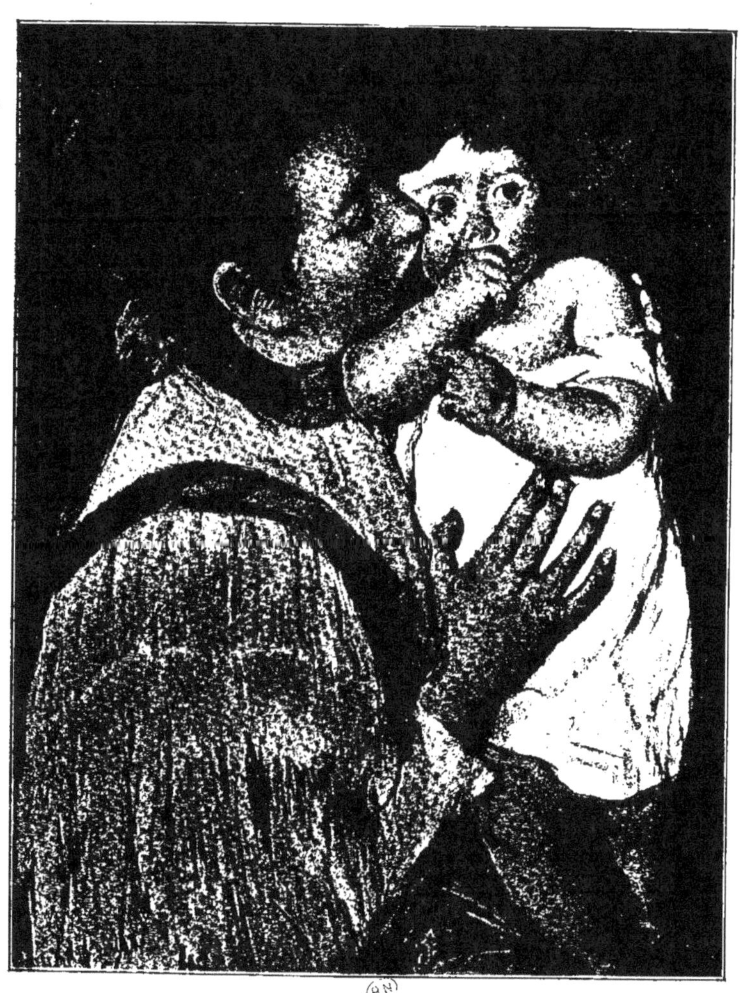

MARY CASSATT. — Mère et enfant
(Collection de M. C. Lawrence, New-York).

-s'y mêle auprès de quelques connaisseurs. La devise
que Manet avait choisie, en plaisantant mais non sans
la fierté légitime que lui permettait sa conscience,
« *Manet et manebit* », doit être aujourd'hui devant l'histoire nationale celle de cet admirable mouvement dont
il reste l'initiateur glorieux.

APPENDICE

NOTES ET DOCUMENTS

Il est très difficile de constituer une bibliographie et
un bilan exact des œuvres des impressionnistes, non
moins que des biographies détaillées. Ces peintres
ayant été longtemps méconnus, toujours éloignés des
salons, accueillis par des marchands, il en résulte que
le contrôle de leur production est à peu près impossible :
eux-mêmes ne le sauraient faire au sujet de toutes leurs
œuvres de début, qui étaient sans valeur commerciale
et se dispersèrent au hasard, pour des prix infimes,
chez des amateurs ou dans d'obscurs magasins. Quant
à leurs vies personnelles, il semble qu'ils n'en aient eu
aucun souci ; interrogés, ils avouent n'avoir rien à dire,
en dehors de leur date de naissance. Ils n'ont pas eu
de maîtres, pour la plupart, n'ont fréquenté aucun
atelier, ont peint chez eux, dans divers coins de la
France. Un jour, ce qu'on trouvait ridicule la veille
a été recherché et vanté : ils sont devenus riches,
sans avoir compris pourquoi. Ils ont eu tous, à l'exception de Manet dont la vie est pleine de faits, des exis-
tences solitaires, modestes, à l'écart de la mêlée sociale :

ils étaient indifférents au tapage qu'on faisait sur leurs
noms, et sans goût pour l'arrivisme. L'État les a
ignorés ; à l'exception de Manet, décoré par l'initiative
du ministre Antonin Proust deux ans avant sa mort,
et de Renoir décoré on ne sait pourquoi il y a quelques
années après toute une vie de travail, aucun n'a été
récompensé d'un ruban. Il serait d'ailleurs presque
ridicule d'en offrir maintenant à des hommes comme
M. Degas ou M. Monet qui sont célèbres dans le monde
entier, figurent dans les plus riches collections auprès
des plus grands maîtres, et voient leurs œuvres atteindre
des prix imposants. Ils présentent même, au point de
vue social, le cas curieux et intéressant d'artistes étant
parvenus à la fortune et à la gloire sans aucun appui
des institutions officielles et par le seul concours des
particuliers. Tout cela, et on ne sait quelle négligence,
quel effacement volontaire devant tout ce qui n'est pas
la peinture, réduit et contrarie tout à la fois le rôle du
critique à l'égard de ces individualités si exclusives.

Les notes ici réunies n'ont donc que la valeur d'indi-
cations très générales ; elles constituent tout au plus un
essai de classement préalable, un cadre de recherches.

GALERIES ET COLLECTIONS OU SE TROUVENT LES PLUS
CONSIDÉRABLES ŒUVRES IMPRESSIONNISTES. — Avant tout
la collection Durand-Ruel, sélection particulière faite
par Durand-Ruel qui a été pendant trente années le
principal dépositaire des impressionnistes et en a
retenu un nombre considérable de belles pièces. — La

collection de M. Manzi, surtout en ce qui concerne
Degas. — Celles de M. de Camondo (Degas), et de
Bellio. — La collection de M. Théodore Duret (surtout
Manet). — Même observation pour celle de M. Faure
(le grand tragédien lyrique) : les deux ont été vendues
en ces dernières années. — La collection Jacques
Blanche. — La collection (Manet, Degas, Renoir)
léguée à sa fille, Mme Ernest Rouart, par Mme Eugène
Manet (Berthe Morisot). — La collection Henri Rouart
(Degas, Renoir surtout). — En Amérique, de nombreuses collections privées, dont le contrôle ne pourrait
guère être tenté qu'en consultant les livres de vente de
la maison Durand-Ruel, qui s'est fait une spécialité de
ces peintres, a organisé presque toutes leurs expositions,
et reste l'endroit où l'on peut en voir le plus aisément
les œuvres.

Musées. — A Dresde, à Berlin, œuvres de Manet et
Degas. A Paris, l'acceptation du legs Caillebotte a fait
entrer au Luxembourg : sept Degas (pastels) ; plusieurs
Renoir, entre autres le *Moulin de la Galette*, la *Balançoire*, une *Femme nue*, une *Tête de jeune femme* : plusieurs Monet, entre autres la *Gare Saint-Lazare*, le
Déjeuner, la *Salle à manger bleue*, les *Tuileries*, *Argenteuil*, les *Falaises de Belle-Isle*, *Vétheuil par temps de
neige*, le *Givre* ; Cézanne, trois paysages ; Pissarro,
quelques paysages ; Manet, le *Balcon*, où se trouve un
portrait de Mme Morisot, une *Femme en noir avec un
éventail*, sans compter *Olympia*, offerte séparément ;

Sisley, des paysages ; Berthe Morisot, *La jeune fille au bal*, achetée séparément.

EXPOSITIONS. — Ici presque rien à dire. Manet a toute sa vie présenté ses œuvres aux Salons, il a été tantôt admis et tantôt refusé, jusqu'à obtenir une seconde médaille ! Monet n'a plus exposé depuis 1867 ; les autres, à l'exception de Pissarro, dans ses sages débuts, ne se sont manifestés que par des expositions particulières, dont la plus célèbre fut celle de la rue Le Peletier en 1875. Depuis, chez Boussod et Valadon, Georges Petit, Durand-Ruel. L'exposition de Claude Monet en compagnie d'Auguste Rodin, chez Petit, fut un événement artistique considérable. A l'Exposition universelle de 1889, une place d'honneur fut faite à l'œuvre de Manet ; à celle de 1900, deux salles furent consacrées, sur l'initiative dévouée de M. Roger Marx, l'élève et le digne héritier de la pensée de Castagnary, aux plus beaux impressionnistes. Dans ces salles on rapporte qu'un membre de l'Institut, guidant des visiteurs étrangers, eut l'inconvenance de s'écrier : « Passons, Messieurs, voici la honte de l'art français. » Il y avait là la *Loge* de Renoir et l'exquise *Pensée*, l'*Ex-Voto* d'Alphonse Legros, le *Coin de table* de Fantin-Latour, des Monet de premier ordre, de beaux Pissarro, des portraits et des scènes de jardins de Manet, les meilleurs Sisley, quelques Degas importants, et non loin de ces salles quelques Monticelli radieux qui eussent dû s'y joindre logiquement. L'ensemble de ces deux salles produisit une émotion profonde, qui marqua définitivement l'entrée du mouvement impressionniste dans l'histoire de l'école française.

Bibliographie. — Il faut absolument y renoncer. Depuis le début de Manet aux Salons, il faudrait compulser tous les journaux français jusqu'à nos jours. La quantité d'articles prétextés par l'impressionnisme est innombrable, tant parmi ses ennemis acharnés que parmi ses admirateurs. On doit retenir les opinions de Baudelaire, de Burty, de Ph. de Chennevières, d'A. de Calonne. L'amitié fervente de Zola pour Manet s'exprima dans ses articles et dans une brochure maintenant introuvable. Plus récemment il sied de mentionner, au sujet de Manet, le volume d'Edmond Bazire, *Manet*, (Quantin, 1884) ouvrage sans prétentions mais soigneusement renseigné, et le récent livre de M. Théodore Duret, (Floury 1902) qui est d'une importance sérieuse, écrit par un connaisseur distingué n'ignorant rien du peintre qu'il aima fidèlement. Quant aux autres impressionnistes, nous l'avons dit, il n'existe aucun livre, sauf l'ouvrage de M. Georges Lecomte, l'*Art impressionniste*, édité à tirage restreint chez M. Durand-Ruel (1). Dans le recueil de critiques *Certains*, de M. Huysmans, on trouve une belle étude sur Degas. (Tresse et Stock). Dans le 3ᵉ volume de

---

(1) Epuisé d'ailleurs, comme l'est, à peine paru, le livre de M. Duret.

La Vie Artistique (Floury) M. Gustave Geffroy a synthétisé ses observations judicieuses sur un art dont il a parlé avec science et éloquence dès le début de sa carrière. M. Octave Mirbeau a défendu l'impressionnisme et spécialement Monet en de nombreuses chroniques. M. Roger Marx l'a soutenu, et dans la presse, et dans le monde officiel des Beaux-Arts. M. Jules Comte, dans le *National,* dès 1883, a défendu Renoir et Monet. MM. Frantz Jourdain, Raymond Bouyer, Armand Dayot, Thiébault-Sisson, Gabriel Moury ont également loué cet art, auquel M. Arsène Alexandre a souvent contribué des notices pleines d'intérêt. Wolff soutint Manet, mais par politique, et sans compréhension. On regrettera que M. Paul Mantz et le savant distingué que fut Eugène Müntz n'aient pas compris la beauté de l'effort impressionniste. La page ̦de M. Clémenceau sur Monet dans la *Justice* (à propos de l'exposition Monet Rodin), est très belle et témoigne de son grand sens de l'art moderne. Une plaquette introuvable aujourd'hui de M. Félix Fénéon, les *Impressionnistes en* 1886, résume excellemment le pointillisme. Le recueil posthume des œuvres de Jules Laforgue (Mercure de France) présente une série de remarques et une étude sur le chromatisme, écrites en 1884, qui montrent quel critique sagace était déjà ce jeune homme extraordinaire, et qui resteront un modèle d'analyse clairvoyante de cette peinture.

La critique étrangère s'est également occupée de

l'impressionnisme, et lui a consacré de nombreux articles. Tout récemment M. Meier-Graefe et M. Richard-
Muther, en Allemagne, ont publié des ouvrages sur ce
sujet. Pour mémoire nous mentionnerons également
un petit volume illustré, première version imparfaite
de celui-ci, publié par l'auteur du présent livre à
Londres (Duckworth and C°) en mars 1903.

Iconographie. — Portraits de Manet par Fantin-
Latour, dans l'*Hommage à Delacroix* et l'*Hommage à
Manet* : plus un portrait isolé, souvent reproduit. Un
de Manet par lui-même.

Gravures de Bracquemond, Desboutin et Guérard.

Portrait de Sisley par Renoir.

Portrait de Monet par Renoir.

Portrait de Monet par Fantin-Latour dans l'*Hommage
à Manet*.

Portrait de Renoir par Fantin-Latour, même tableau.

Portrait de Cézanne par Renoir.

Portraits de Mme Morisot par Manet dans le *Balcon*
et la toile intitulée *Le Repos* : eau-forte de Desboutin.

Portrait de Mme Morisot par elle-même.

Portrait d'Éva Gonzalès par Manet.

Portrait de Cézanne par lui-même.

Les tableaux de Manet ont prétexté de nombreuses
caricatures d'ailleurs sans intérêt.

Liste approximative des œuvres de Manet. — Il est
le seul pour lequel une telle liste puisse être dressée
assez exactement parce qu'il fit à plusieurs reprises des

expositions récapitulatives avec catalogues et titres précis : la tâche est beaucoup plus malaisée pour ses amis, qui n'ont jamais montré à la fois que leurs œuvres de l'année, avec des dénominations vagues telles que « paysage » ou « étude ». On trouve dans la vie de Manet ces diverses réunions d'œuvres :

Exposition de l'avenue de l'Alma, 1867 : cinquante numéros (rassemblant toute l'œuvre antérieure).

Le *Déjeuner sur l'Herbe*, *Olympia*, *Chanteur espagnol*, l'*Enfant à l'épée*, l'*Homme mort*, *Jésus insulté*, le *Christ aux anges*, *M. et Mme Manet*, *Gitanos*, le *Vieux musicien*, le *Fifre*, *Mlle V...* en costume d'espada, *Jeune homme en costume de majo*, *Mme M...*, *Jeune Dame*, *Un matador*, *Lola de Valence*, l'*Acteur tragique* (Portrait de Rouvière), *Chanteuses des rues*, *Mme B...*, *Moine en prière*, *Combat du Kearsage et de l'Alabama*, le *Gamin*, la *Musique aux Tuileries*, *Courses au bois de Boulogne*, *Joueuse de guitare*, *Liseur*, *Ballet espagnol*, *Buveur d'absinthe*, *Nymphe surprise*, *Un philosophe*, *Vase de fleurs*, le *Steam-boat*, *Jeune espagnole couchée*, *Déjeuner*, *Fruits*, *Poissons*, *Dame à sa fenêtre*, *Mer calme*, *Panier de fruits*, *Épagneul*, *Portrait de Zacharie Astruc*, *Étudiants de Salamanque*, *Bateau de pêche vent arrière*, *Tête d'étude*, *Fruits*, *Un lapin*, *Fumeur*, *Paysage*. — Trois copies : *Vierge au lapin*, *Portrait du Tintoret*, les *Petits Cavaliers*. — Trois eaux-fortes : *Gitanos*, *Portrait de Philippe IV*, les *Petits Cavaliers*.

Depuis cette exposition figurèrent aux Salons :

Jeune femme, et portrait de Zola (1868).

Le *Balcon* et le *Déjeuner* (1869).

La *Leçon de musique,* et portrait d'Éva Gonzalès (1870).

Le *Jardin,* les *Hirondelles,* le *Café-Concert,* natures mortes, de 1870 à 1872.

Le *Bon bock,* le *Repos* (portrait de Berthe Morisot) (1873).

Le *Chemin de fer, Polichinelle* (1874).

Argenteuil (1875).

Le *Linge,* et *Marcelin Desboutin* (1876).

M. Faure dans Hamlet, et *Nana* (1877).

Chez le père Lathuile, et *Antonin Proust* (1878).

La *Serre, En bateau* (portrait de George Moore) (1879).

Rochefort, Pertuiset (1881).

Le *Bar aux Folies-Bergère,* le *Printemps,* l'*Automne* (1882).

Dessins pour les *Chats,* de Champfleury, le *Corbeau,* d'Edgar Poë, le *Fleuve,* de Charles Cros. Portrait de Courbet. Beaucoup d'interprétations ou répliques à l'eau-forte de certains tableaux, ou copies de Velasquez. Compositions originales : *Femme à la mantille, Silentium Au Prado,* l'*Acteur comique, Convalescente, Odalisques, Marchande de cierges,* etc. Six lithographies : *Courses, Gamin, Café, Chats sur un toit, Guerre civile,* un portrait, plus certains croquis pour couvertures de musique.

Miniatures. Un peu de céramique. Beaucoup de notes et de portraits au pastel, parmi lesquels : Mmes Madeleine Lemaire, Zola, Lévy, Guillemet, Marie Colombier, Méry-Laurent, Valtesse de la Bigne, MM. Moreau, Moore, Constantin Guys.

Portraits à l'huile : Mmes N. de Villars, Émilie Ambre, Éva Gonzalès, Morisot, Manet, MM. Zola, Rouvière, Duret, Clémenceau, Wolff, Proust, Faure, Desboutin, Mallarmé, Pertuiset, Rochefort, Astruc.

Portraits gravés : Baudelaire, Courbet, Mme Nina de Villars.

A cette liste considérable il faut ajouter nombre d'études, natures mortes, etc., qui n'ont pas été exposées.

Liste approximative des œuvres de Degas. — Nous ne pouvons retenir que quelques titres. Degas n'a pas exposé aux Salons : il n'a pas vendu toutes ses œuvres, et en garde beaucoup chez lui, ce qui rend tout contrôle impossible.

Copies d'après les Italiens.

Têtes d'étude.

Magasin de cotons à la Nouvelle-Orléans.

Vieille mendiante.

Série de scènes aux courses.

Série de la vie des danseuses :

La Danseuse-Étoile, pastel (Luxembourg).

La Danse grecque, pastel.

Répétitions de ballet sur la scène.

Variantes nombreuses sur les répétitions de ballet dans les salles d'études.

Variantes (dessins et pastels) sur *Une danseuse rattachant son chausson* (une d'elles au Luxembourg).

L'Attente, pastel.

La Danseuse chez le photographe.

Fin de ballet.

Danseuses et leurs mères.

Danseuse rose.

Une *Esquisse de danseuse,* pastel (Luxembourg).

La Conversation (pastel).

Au musée.

Famille (place de la Concorde).

Série des *Blanchisseuses.*

Série de femmes à leur toilette, pastels et peintures en grand nombre (Une, minuscule, au Luxembourg).

La Bouderie.

Portrait d'une gymnasiarque.

Les Figurants, pastel (Luxembourg).

Un café boulevard Montmartre, pastel (Luxembourg).

Série de paysages au pastel.

LISTE APPROXIMATIVE DES ŒUVRES DE CLAUDE MONET

Série des *Meules.*

Série des *Peupliers au bord de l'Epte.*

Série des *Cathédrales* (Rouen).

Série du *Golfe Juan.*

Série des *Rochers de Belle-Isle.*

Série du *Bassin aux nymphéas*.

Série de *Coins de rivière*.

Nombreuses études de falaises à Étretat.

Nombreuses études à Giverny, Dieppe, Pourville, Varangeville, Argenteuil, Vétheuil.

Études des rives de la Tamise.

Série de montagnes norwégiennes.

<table>
<tr><td>*Le Givre.*</td><td rowspan="8">Musée du Luxembourg.</td></tr>
<tr><td>*Les Tuileries.*</td></tr>
<tr><td>*Intérieur bleu.*</td></tr>
<tr><td>*La Gare Saint-Lazare.*</td></tr>
<tr><td>*Belle-Isle.*</td></tr>
<tr><td>*Vétheuil par la neige.*</td></tr>
<tr><td>*Déjeuner* (plein air).</td></tr>
<tr><td>*Régates à Argenteuil.*</td></tr>
</table>

Fleurs, natures mortes, faisans.

La Dame en vert (Portrait de Mme M...).

Quelques portraits.

Cuisiniers.

Déjeuner (intérieur).

Soirée sous la lampe.

LISTE APPROXIMATIVE DES ŒUVRES DE RENOIR

<table>
<tr><td>*La Balançoire.*</td><td rowspan="5">Musée du Luxembourg.</td></tr>
<tr><td>*Le Moulin de la Galette.*</td></tr>
<tr><td>*Femme nue.*</td></tr>
<tr><td>*Au piano.*</td></tr>
<tr><td>*Liseuse.*</td></tr>
</table>

Baigneuses (collection Jacques Blanche).

Plusieurs panneaux décoratifs (id.).

Le Premier pas.

La Loge.

La Loge (variante).

Nombreuse série de Baigneuses.

Bouquetière.

Jeune fille en promenade.

Jeune fille endormie.

Le Déjeuner des canotiers.

Argenteuil.

Ferme.

Chemin creux.

Lavandière.

Très nombreux portraits de jeunes filles.

Jeanne Samary en robe de soirée.

Jeanne Samary (buste).

La Source.

Très nombreuses études d'enfants.

La Danse — quatre grands panneaux.

La Terrasse.

Nombreux paysages à Venise, dans la banlieue de Paris, aux environs de Grasse, Cannes, Cagnes.

Fin de déjeuner.

Les Parapluies.

Portrait de Sisley.

Portrait de Monet.

Portraits de Mme Morisot et de sa fille.

Jeune femme au bord de la mer.

Femmes arabes.

Mères et enfants (nombreux motifs).

Nombreuses petites études de nu au pastel.

Fleurs (nombreuses études).

La Famille de l'artiste.

La Pensée.

Le Thé.

La Serre.

Divers portraits.

ŒUVRES DE PISSARRO

Série de Rouen (la place du Marché, la Seine, très nombreuses études).

Scènes rustiques, très nombreuses, faites à Eragny et à Gisors.

Série de Londres.

Séric d'études des boulevards de Paris (boulevard Montmartre, avenue de l'Opéra).

Éventails, illustrés de scènes paysannes.

Une quantité inappréciable de paysages, soit dans un style et une technique classiques, soit dans une technique pointilliste (plusieurs au Musée du Luxembourg).

ŒUVRES DE SISLEY

Très nombreux paysages de l'Ile-de-France et spécialement de Moret, neiges, soleils, eaux vives, jardins, (plusieurs paysages au musée du Luxembourg).

ŒUVRES DE BERTHE MORISOT (Mme Eugène Manet).

Jeune femme au bal (musée du Luxembourg).
Nombreuses figures de femmes, portraits.
Environ trois cents petites aquarelles, sous-bois et marines avec personnages, faites à Dieppe, à Nice, aux environs de Paris.
Son portrait par elle-même.

ŒUVRES DE MISS MARY CASSATT

La Loge.
Très nombreuses études de mères et d'enfants.
Maternités (10 estampes en couleurs, tirage épuisé).
Nombreuses scènes de plages et de jardins.

ŒUVRES DE PAUL CÉZANNE

Mardi-gras.
Portraits, dont le sien.
Nombreux paysages (deux au musée du Luxembourg.)
Natures mortes.

ŒUVRES DE GUSTAVE CAILLEBOTTE

Les Raboteurs de parquets (musée du Luxembourg).
Nombreuses natures mortes.
Paysages, portraits, fleurs.

NOTE SUR LES NÉO-IMPRESSIONNISTES

Relativement aux néo-impressionnistes il siéra

d'ajouter, pour compléter ce répertoire trop sommaire, les quelques mentions suivantes :

Georges Seurat. — *La Grande Jatte* ; nombreux paysages et dessins de nu.

Paul Signac. — *L'Age d'or*, panneau décoratif. Portraits. Nombreuses marines en Hollande et à Saint-Tropez.

Maurice Denis. — Nombreuses peintures d'un caractère décoratif et religieux. *Hommage à Cézanne* groupant les portraits des principaux néo-impressionnistes, Vuillard, Denis, Bonnard, Roussel, Sérusier, Odilon, Redon. Décoration de l'église du Vésinet.

Édouard Vuillard. — Nombreux petits intérieurs.

Pierre Bonnard. — Nombreuses petites peintures décoratives, affiches, dessins pour Verlaine, etc.

Paul Ranson. — Panneaux décoratifs et tapisseries.

Paul Gauguin. — Série de paysages de Bretagne ; série de paysages de Tahiti. Bois sculptés ; grès.

Félix Vallotton. — Peintures, dessins divers (portraits).

Henry Moret, Albert André, Georges d'Espagnat, Maxime Maufra, Paul Vogler. — Paysages de Bretagne, de Paris et du Midi, etc.

Vincent van Gogh. — Paysages de Paris et du Midi, fleurs, portraits.

Armand Guillaumin. — Paysages (Paris et banlieue).

Maximilien Luce. — Paysages parisiens, intérieurs populaires.

Angrand. — Dessins et paysages.

Henri Edmond Cross. — Paysages provençaux.

Louis Anquetin. — *Femme à la toilette,* scènes de courses, paysages à Véthcuil, nombreux portraits, (Bernard Lazare, Édouard Dujardin, Camille Mauclair, P. et V. Margueritte, Gémier, Janvier, Mme Dujardin, Zo d'Axa); rideau pour le Théâtre Libre ; décors ; nombreux nus, nombreuses sanguines, dessins, lithographies.

Théo van Rysselberghe. — Marines belges et provençales. Nombreux portraits : Émile Verhaeren, André Gide, Mme van Rysselberghe, Paul Signac, Félix Le Dantec, Vielé-Griffin, Eugène Demolder. Affiches. Pastels, nus et fleurs ; un grand panneau décoratif, *Baigneuses.* Eaux-fortes nombreuses de Bretagne, Hollande, Italie.

Henri de Toulouse-Lautrec. — Scènes nombreuses de cafés-concerts, intérieurs de brasseries et figures de filles (pastels et peintures); album lithographique sur Yvette Guilbert ; nombreux portraits de chanteuses de music-halls ; affiches importantes.

Les œuvres des néo-impressionniste ont été et sont vues : aux magasins de M. Tanguy (rue Clauzel) et de M. Le Barc de Boutteville (rue Le Peletier), tous deux décédés ; aux expositions des Indépendants (Paris) et de la Libre Esthétique (Bruxelles) ; aux galleries Vollard, Hessèle, Moline, Durand-Ruel (Paris).

TABLE DES ILLUSTRATIONS (1)

(1) Nous devons ici remercier particulièrement la maison Durand-Ruel qui a mis à notre disposition ses considérables séries de photographies d'œuvres impressionnistes, documents des plus précieux pour la critique à venir.

TABLE DES MATIÈRES

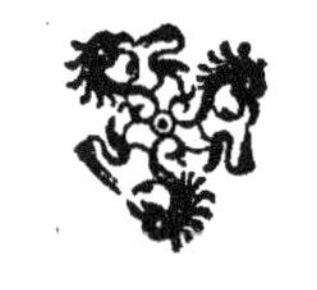

www.ingramcontent.com/pod-product-compliance
Lightning Source LLC
LaVergne TN
LVHW021934030726
842523LV00001B/147